LE
BOIS DE BOULOGNE

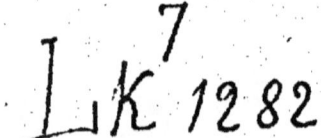

PARIS. — IMPRIMERIE MAULDE ET RENOU, RUE DE RIVOLI, 144.

LE

BOIS DE BOULOGNE

HISTOIRE, TYPES, MŒURS

PAR

ÉDOUARD GOURDON

PARIS
LIBRAIRIE CHARPENTIER
PALAIS-ROYAL, GALERIE D'ORLÉANS, 16
—
1854

I

OUVERTURE A GRAND ORCHESTRE

LE BOIS DE BOULOGNE

I

Le Premier soleil à Paris. — Aspects divers. — Le Marronnier du 20 mars. — Une Vieille réputation. — Moineaux et Violettes. — Les Mensonges de février. — Les Hirondelles. — Effets de soleil. — Le Boulevart et les Champs-Élysées. — Balzac et son pantalon. — Bizarrerie des toilettes. — Un Habit couleur du temps. — Les Serres-chaudes de Paris. — Les Papillons messagers. — Invitations du printemps. — Nous passons la barrière. — Sancho-Pança et les Almanachs.

La physionomie de Paris est mobile comme celle d'une jolie femme, a-t-on dit. Rien n'est plus vrai. Il n'est pas un observateur, connaissant quelque peu son Paris, qui n'ait été frappé des divers aspects que sait prendre, selon les saisons ou le temps,

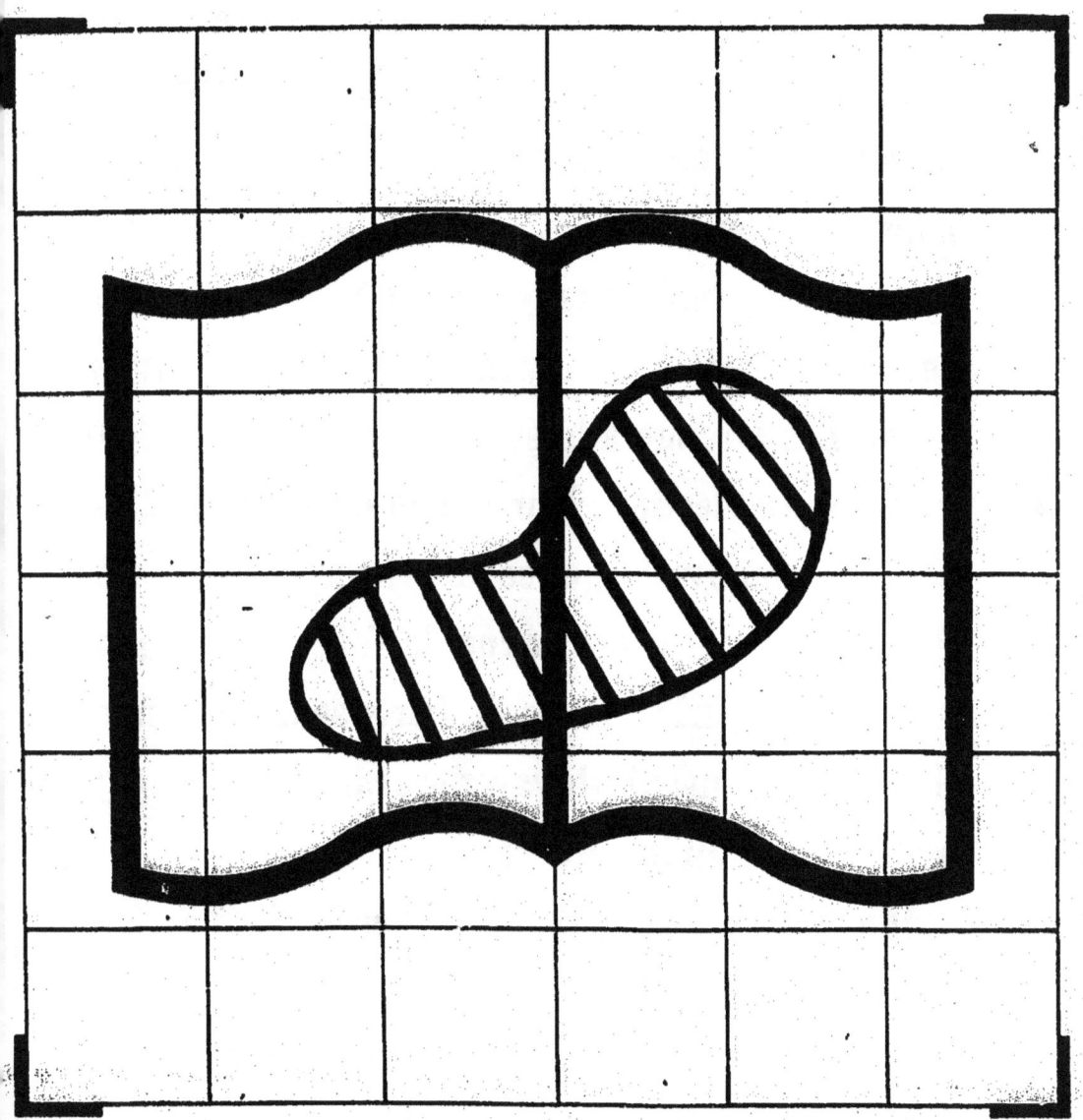

la pluie ou le soleil, le froid ou le chaud, cette ville originale et sans pareille. Il ne faut peut-être pas attribuer à une autre cause le grand vide que nous éprouvons, le sentiment de profonde tristesse qui s'empare souvent de nous quand nous nous éloignons de Paris, et la joie intime que nous ressentons quand nous y revenons après une absence prolongée. Il n'y a qu'un Paris, dit-on aussi. Les étrangers le savent bien; car c'est leur ville de prédilection, leur patrie de cœur et d'esprit. L'homme riche qui se fait vieux, et qui, après de longs voyages, a regagné le foyer de ses jeunes ans, ne parle jamais de Paris sans une émotion que le souvenir des autres grandes villes qu'il a visitées ne lui inspire pas.

Il a tout vu : Pétersbourg, Vienne, Rome, Madrid, Londres ont été ses étapes; il se les rappelle avec joie; mais écoutez-le, et dites-moi s'il ne paraît pas plus ému quand il parle de la France, de Paris? Oui, l'étincelle de la jeunesse s'est rallumée un instant dans ses yeux; ses lèvres ont souri, sa voix est devenue plus sympathique.

C'est que Pétersbourg, Madrid, Rome et Londres lui ont paru monotones au bout de quelques mois; c'est qu'il y a souffert du froid, du chaud ou des brouillards, tandis que Paris, avec son ciel tantôt bleu comme celui de l'Italie, tantôt gris comme celui de la Finlande; avec ses brumes d'automne qui ne durent pas, avec le jeu perpétuel de sa coquetterie charmante, ne lui a pas laissé le temps de s'ennuyer, ou bien ne l'a ennuyé que pour lui faire mieux goûter le plaisir qui devait suivre l'ennui. Cette coquetterie peut être comparée au manége d'une jolie femme qui, à l'aide d'une simple dentelle qu'elle met sur son visage ou qu'elle relève, sait se montrer à vous sous un aspect toujours nouveau et toujours plus attrayant.

Vivre à Paris, c'est voyager perpétuellement, car le monde entier est dans Paris; c'est avoir sous les yeux un kaléïdoscope toujours en mouvement, un panorama de toutes les heures. Là, non seulement les jours se suivent et ne se ressemblent pas, mais le moment qui suit diffère de celui qui l'a précédé.

L'inimitable talent de cette ville si bonne, si facile, si hospitalière, consiste à ressembler à tout sans pouvoir être comparée à rien, à vous donner du chaud ou du froid, à vous faire rire ou pleurer, mais toujours sans excès et sans fatigue. Un homme d'esprit peut mourir du spleen sur les bords de la Tamise; un imbécile seul peut mourir d'ennui sur les bords de la Seine. Paris est une fée dont la baguette est toujours prête à faire un nouveau prodige pour celui qui sait la prier. Tout le secret de l'affaire consiste à ne pas se désespérer pour un mauvais jour, et à s'endormir dans la confiance qu'on aura du nouveau le lendemain.

Ne me taxez ni d'exagération, ni d'enthousiasme! mes cheveux ont grisonné dans cette ville dont je vous fais un si riant tableau. Je la connais à fond, dans ses moindres détails, comme on connaît une maîtresse de dix ans, et c'est pour cela que je me porte garant de ses charmes.

Je sais par cœur ses beautés, car je les ai cent fois vues sous cent aspects différents. Je vous dirais, par exemple, à quelle heure et par quel temps il faut voir ses quais, ses boulevarts, la Cité; je vous dirais quels jours il faut aller aux Tuileries, et quels jours au Marais; je vous indiquerais, au besoin, l'époque de l'année qui amène les plus curieux nuages sur la portion du ciel qui s'étend de Notre-Dame au coteau de Meudon, et qu'il faut aller admirer du Pont-Neuf. Mais ce ne sont là que des faits généraux amendés sans cesse par la bizarrerie de l'imprévu. Ce sont les couleurs-mères de la palette que le hasard mélange pour varier à l'infini les teintes de toutes choses.

A-t-on vu les Tuileries pour s'y être promené bourgeoisement un dimanche? Non; on connaît le cadre, mais on ignore les véritables beautés du tableau, car le tableau change sans cesse. Il est gai, triste ou mélancolique selon le temps; il est même quelquefois d'un excellent comique, les jours d'ondées, par exemple, lorsqu'on est au mois d'octobre, et qu'il ne reste plus dans l'allée de Diane qu'un seul arbre feuillé sous lequel toutes les dames cherchent un abri.

Ce bienheureux arbre, qui connaît les hautes

destinées que l'automne lui réserve, ne manque pas de conserver ses feuilles bien longtemps après que tous les autres se sont dépouillés. C'est un marronnier; mais plus sage que celui du 20 mars, il ne se hasarde jamais à crever ses bourgeons tant que l'hiver ne nous a pas dit un adieu définitif; aussi quels décamérons n'a-t-on pas faits sous son abri tutélaire!

Me voici bien loin de mon sujet; cependant, qu'il me soit permis de ne pas quitter les Tuileries sans dire en passant que l'arbre du 20 mars n'est plus qu'une réputation usurpée; que depuis cinq ans il est distancé de trois jours par un de ses confrères plus jeune que lui. Mais il a les bénéfices de la vieillesse et de la position acquise; sa réputation est faite, et le public n'en démordra pas. L'autre pourrait mettre à l'air, au mois de février, ses belles pyramides blanches et roses, qu'on n'en jurerait pas moins par l'arbre du 20 mars, tant est grande et funeste au jeune mérite la force de l'habitude!

Puisqu'il est bien entendu, maintenant, que

Paris est la ville la plus curieuse du monde, une sorte de clavier dont les harmonies sont incessamment variées, introduisons le grand artiste qui nous a quittés depuis six mois; soufflons sur les nuages, chassons les derniers brouillards, nous voici en avril, introduisons le soleil.

Le ciel est bleu, les bouquetières sont au coin de toutes les rues, les moineaux se poursuivent dans les lilas et viennent effrontément battre des ailes et se pâmer jusque sous la chaise où vous êtes assis. C'est le moment où les arbres, longtemps muets, s'illuminent soudainement de feuilles et de fleurs, où les orangers craintifs sont tirés de leurs serres; c'est le moment enfin où l'artiste divin exécute à grand orchestre l'ouverture du printemps !

Les premiers beaux jours sont attendus à Paris avec une impatience d'autant plus grande que février nous en donne souvent un avant-goût menteur. Le traître nous fait venir, comme on dit, l'eau à la bouche, avec les grandes éclaircies de son ciel bleu; il dore les rues de ses chauds rayons sous lesquels se dilatent et s'entr'ouvent les bourgeons imprudents ; la nature elle-même est trompée, et il lui arrive de payer cher sa confiance ; car le mensonge dure huit jours, quinze jours au plus, après lesquels février, se rappelant que le carême approche, quitte brusquement son masque et se montre à nous dans la triste réalité d'un mois d'hiver, c'est-à-dire froid, sombre et pluvieux. On a cru tenir le beau temps et l'on a ouvert sa fenêtre : il faut la fermer à la bise et aux giboulées, et renouveler, avec un gros serrement de cœur, sa provision de bois.

C'est ainsi qu'agissent les hommes d'expérience, ceux qui ne s'en rapportent pas à un premier sourire. D'autres persistent à dire, malgré les frimas, que l'hiver est bel et bien mort, et je puis citer l'exemple d'un de mes amis qui ne reprendrait pas pour une fortune son paletot quand il l'a une fois quitté.

C'est lorsque les hirondelles sont arrivées place Vendôme et à l'Institut qu'on peut être bien certain que l'on tient son printemps. Plus sages que nous, plus intelligentes que les fleurs de l'amandier, elles ne se trompent pas, et ne se mettent jamais dans le cas d'avoir à battre en retraite. Levez donc les yeux et soyez fiers quand vous passez près de la colonne, si vous voyez ces joyeux oiseaux s'ébattre dans l'air.

Le premier soleil, à Paris, a des effets miraculeux ; c'est comme un changement à vue opéré par la baguette d'un enchanteur; mais c'est surtout aux Champs-Élysées et au Boulevart qu'il faut l'étudier. Dans cette longue traînée de flamme, les promeneurs vont, viennent, s'arrêtent, fument et s'ébattent avec délices : on dirait des abeilles dans un rayon de soleil. C'est un échantillon complet de la société parisienne, car la vie de château n'a pas encore commencé. Allumez donc un bon cigare, marchez lentement comme un homme qui ne se meut que pour observer, et ouvrez les yeux.

Au temps où Balzac était encore garçon, le plus illustre de nos romanciers, — je ne dis pas le plus fécond pour ne pas offenser Dumas, — ne manquait jamais d'inaugurer le printemps au boulevart. La foule l'avait perdu de vue depuis six mois; mais au premier beau jour, elle l'apercevait dans cette zone de lumière, où il se promenait seul, vêtu d'un paletot-sac, coiffé d'un chapeau gras, à bords impossibles, et chaussé de souliers à boucles.

La partie la plus pittoresque de son costume était un pantalon à pieds, à petits carreaux noirs et gris. La dernière fois que je vis cet éternel pantalon, il était rapiéceté dans le bas, à la façon des pantalons de cavalerie, et, quoique les pièces fussent de la même étoffe que le reste, la différence du vieux au neuf formait un contraste dont les passants ne manquaient pas de se divertir. C'est dans cet appareil que se montrait au public l'écrivain qui sut le mieux habiller ses personnages, leur donner le plus grand air du monde et les douer de la distinction la plus exquise. Il descendait de son appartement de la rue Richelieu, ou bien il revenait de Russie, car pour rien au monde il n'eût voulu manquer son printemps parisien.

Ce qui frappe tout d'abord à cette époque de l'année, c'est l'étrangeté des costumes. On voit qu'on n'est pas encore en été, mais on sent qu'on n'est déjà plus en hiver. Les femmes portent leur manchon, les hommes ont leur paletot, mais on aperçoit des robes de barège et des chapeaux gris, des crêpes de Chine et des pantalons légers. Juillet et décembre se donnent la main. C'est à ces époques ambiguës, qui tiennent du froid et du chaud, comme la chauve-souris tient de l'oiseau et du rat; c'est surtout dans ces jours de transition que la femme de goût et l'homme du monde se reconnaissent à leur toilette.

S'habiller avec élégance et simplicité est toujours un grave problème pour les Parisiens; mais savoir éviter des disparates de toilettes choquantes dans les jours de passage d'une saison à l'autre, implique une finesse de tact peu commune. Il faut, comme disait une femme d'esprit, savoir se faire ces jours-là « un habit couleur du temps. »

Le côté droit du Boulevart, depuis la rue Drouot jusqu'à la Madeleine; les Champs-Élysées depuis la place de la Concorde jusqu'au Rond-point, ce sont les deux serres-chaudes de l'aristocratie parisienne. Tout ce qui brûle de se montrer, tout ce qui aime à jouir du premier soleil va là. On s'y voit, on s'y connaît, la vie y est facile.

On peut passer dix ans dans les autres quartiers de Paris et ne pas y rencontrer une seule connaissance, un seul ami. Là, on les trouve tous, un jour ou l'autre. On y coudoie ce que l'on aime et ce que l'on hait, ce que l'on a et ce qu'on n'a plus. On y rencontre ses amours de la veille, ses amours oubliées et ses amours perdues. Tout cela vous saute aux yeux, vous frappe au cœur et réveille en vous des mondes de souvenirs.

C'est par ces temps de résurrection, par ces belles journées du mois d'avril qu'une nouvelle vie se manifeste en nous. La sève monte dans les arbres et le sang circule plus libre et plus frais dans nos artères. La campagne nous envoie ses premières invitations, sous la forme de papillons jaunes et blancs, qui pénètrent, confiants messagers, jusque dans nos rues les plus humides. Le

Parisien, alléché par ces gracieuses avances, éprouve un irrésistible besoin de passer la barrière. Suivons la foule, descendons le Boulevart, traversons les Champs-Élysées, saluons l'Arc-de-Triomphe et entrons au Bois de Boulogne.

Ne nous livrons, cependant, à ces premiers soleils qu'avec prudence et précaution. Tous les almanachs le recommandent, et la sagesse est aujourd'hui dans les almanachs comme elle était dans les proverbes au temps de Sancho Pança.

II

LONGCHAMPS

II

Un Nid de verdure. — Le Banquet des anciens. — La Forêt de Rouvray. — La Chasse royale. — Paysage. — Louis XV et ses courtisans. — Gais mystères. — Saints cantiques. — Longchamps. — Origine du monastère. — Isabelle et Saint-Louis. — Mort d'Isabelle. — Les Miracles. — Origine des pèlerinages à Longchamps. — Amours de Henri IV et de Catherine de Verdun. — L'Opéra à Longchamps. — Une Aventure galante. — Luxe effréné. — Démolition du monastère.

Que d'épisodes, de comédies, de drames se sont accomplis, noués et dénoués depuis cinq siècles dans cette petite presqu'île formée par la Seine à l'ouest de Paris ! Dans ce nid de verdure, naguère si frais et si parfumé, ne vous attendez-vous pas à rencontrer du regard les ombres vénérées de nos grands hommes, à heurter du coude le coude d'un de nos rois ! En vérité, il serait beau de tirer de leur long sommeil toutes ces générations pieuses ou folles, sévères ou bigarrées, qui se sont effacées en laissant là des traditions qui rient, chantent ou prient encore ! Eh ! pourquoi ne le ferions-nous pas ? Serions-nous tellement déchus que nous ne pussions convier nos pères à un banquet digne d'eux ?... Ah! nobles princes, il vous fallait des allées molles et sablonneuses, des chemins mystérieux et de somptueuses habitations ! Eh bien ! nous avons des avenues riantes comme de longs rubans, le mélèze et le sombre sapin abritent d'étroits sentiers, et nous possédons de charmantes villas ! Levez-vous donc et accourez ! accourez dans toute votre force et votre gloire, car vous fûtes forts et glorieux, accourez !...

Ou plutôt, demeurez ; que viendriez-vous faire ici ? à qui parleriez-vous ? dans quelles salles de marbre, immenses et sonores, vos éperons d'or pourraient-ils résonner ? Et vous, belles dames, quel page, de nos jours, s'il est encore des pages, serait digne de porter votre queue de velours et votre missel enluminé ? Quelles mains sauraient tenir en laisse vos élégants levriers ou lancer dans les airs vos courageux faucons ?

Reposez donc en paix, beaux sires; rien n'existe plus de tout ce que vous aimiez. La hache a depuis bien longtemps déjà abattu ces grands arbres, si grands qu'ils jetaient de l'ombre sur toute votre grandeur! L'antique Rouvray s'est resserrée, ses marges se sont rapprochées; aujourd'hui ce n'est plus une forêt, c'est un bois.

Et pourtant, elle était bien belle et bien riche cette petite presqu'île, quand les ormes et les chênes la recouvraient de leur frais manteau; quand, sur son horizon bleu, se détachaient les flèches élancées et les coquettes tourelles de ses castels brodés à jour! Quel magnifique panorama, quelle chatoyante ceinture de vertes collines et d'habitations royales! Voyez-vous la Seine roulant doucement ses flots et reflétant les richesses que la nature et l'homme lui ont prodiguées? Entendez-vous le bruissement de ces eaux s'unissant aux fanfares éclatantes des cors, aux cris des piqueurs, aux hennissements des chevaux : *Tahiau! tahiau!* le cerf part, les chiens l'entourent et le pressent... *Tahiauu! tahiauuu!* le cerf s'est jeté dans le lac, il le traverse, et sa sueur brûlante ruisselle encore sous les flots glacés... Halali ! halali ! le cerf est mort ; un roi et sa cour l'environnent ; on devise, on crie, on rit, puis tout redevient silencieux : les carrosses se sont avancés, de petits pieds que le satin recouvre se pressent devant les voitures, les portières sont ouvertes et refermées, les chevaux partent au galop.

Et maintenant, voyez ! Le soleil se couche derrière les collines de Saint-Cloud. Les sommets des arbres, doucement agités par la tiède brise d'une belle soirée de juin, s'illuminent de ces reflets qui dessinent nettement les feuilles et les font briller comme de longues franges d'or. L'ombre des grands arbres se masse et s'étend dans la direction de Paris. L'oiseau prélude à ses chants. Le papillon ne vole pas, il s'attache amoureusement à la fleur perlée des bruyères et des héliotropes sauvages. Tout à coup, l'oiseau se tait et voltige effrayé de branche en branche. Qu'est-ce donc ? d'où partent ces voix ? d'où viennent ces bruits ?

La nuit est venue, les appartements de la Muette

se sont illuminés. Louis XV et ses courtisans s'attablent au château.

Plus tard, quand les fibres de toutes ces têtes se sont émues sous les vapeurs du festin, cette foule de grands seigneurs et de femmes aimables se répand dans la forêt, les groupes se forment, on s'isole, mais deux à deux, et sous ces arbres touffus, sur la mousse fleurie on devise d'amour, les mains se pressent, les lèvres se rapprochent... Quelle pastorale !

Il est nuit encore, le ciel est étoilé, écoutons : Quels sont ces chants de femmes, religieux et suaves comme les notes les plus aiguës de l'orgue? Avançons en silence, l'épaisseur de l'ombre nous protége, avançons. Des nonnes, une prière à la Vierge, des cierges, un grand Christ d'argent ! Oui, voilà Longchamps. Les cloches tintent à intervalles égaux, le chœur étincelle, des mains blanches et effilées, des mains de princesses effleurent l'eau du bénitier d'albâtre, les fronts se signent, s'inclinent vers les dalles glacées et les chants recommencent. Heureuses filles, pauvres femmes, mortes si pures ! combien de fois avez-vous dû gémir sur celles qui, après vous, vinrent occuper les cellules que vous aviez habitées seules avec Jésus votre divin époux ! elles aussi priaient et s'agenouillaient sur la pierre. A qui pensaient-elles ? Dieu le sait !

Ce fut en 1260 qu'Isabelle, fille de Louis VIII, dit Cœur-de-Lion, fit élever le monastère de Longchamps sur un terrain qui lui avait été donné par le roi saint Louis. Le couvent fut appelé le monastère de l'Humilité de Notre-Dame. Isabelle ne prit point l'habit de l'ordre. « Elle vivait saintement dans un hôtel voisin du monastère, dit un chroniqueur, et ce n'est qu'après sa mort, en 1270, qu'on revêtit son corps de l'habit de saint François. Le roi saint Louis, qui était sur le point de partir pour la Terre-Sainte, voulut assister aux funérailles de sa sœur. Il y vint et se tint à la porte de l'église *pour empêcher d'entrer toutes les personnes qui n'étaient pas nécessaires.* Il prononça ensuite un petit discours plein d'onction pour consoler la communauté d'une perte si douloureuse. »

Isabelle fut inhumée dans l'église du couvent. Sœur Agnès d'Harcourt, troisième abbesse de Longchamps, qui a écrit la vie de la fondatrice du monastère, raconte les nombreux miracles opérés par son intercession : « Les aveugles voient, les boiteux marchent droit, les malades sont guéris, etc, etc. » Le bruit de ces cures extraordinaires attira la foule à Longchamps, et l'empressement grandit encore lorsque le pape Léon X eut déclaré Isabelle *béate*, par une bulle du 3 janvier 1521. Le corps fut exhumé, placé dans une châsse et exposé publiquement à la vénération des populations.

Telle est l'origine des pélerinages à Longchamps. Les rois eux-mêmes s'y rendaient le jour de la fête de la pieuse Isabelle, et les chroniques du temps racontent que Philippe-le-Long y faisait de fréquentes visites.

Malheureusement, le mépris de la discipline religieuse et la démoralisation succédèrent à la piété et à la sévérité de la règle. L'exemple partait de trop haut pour qu'il ne fût pas suivi. Plusieurs rois eurent des relations intimes avec les religieuses de Longchamps. Les amours d'Henry IV et de Catherine de Verdun sont connues. Catherine reçut pour prix de ses complaisances l'abbaye de saint Louis de Vernon, et son frère devint président au Parlement de Paris...

Ces désordres blessèrent les âmes pieuses. Peu à peu les rangs des fidèles s'éclaircirent et l'église devint déserte. Les religieuses imaginèrent alors, pour ramener l'affluence, de chanter les Ténèbres en musique, les mercredi, jeudi et vendredi de la Semaine-Sainte. Elles appelèrent même à leur secours les premières cantatrices de l'Opéra, qui vinrent mêler leurs voix profanes aux saints cantiques de la communauté. Ces solennités mondaines eurent tout le succès qu'on en attendait. La cour et la ville reparurent à Longchamps. Le scandale fut alors à son comble; il fit invasion jusque dans le lieu saint, et il ne fallut rien moins que l'intervention de l'archevêque de Paris pour le réfréner. La musique fut supprimée, les chants cessèrent et la foule n'entra plus dans le temple;

mais toutes les portes ne demeurèrent pas également fermées.

Il est minuit, le temps est sombre, il pleut.

Une porte s'ouvre :

— Ah ! c'est toi, ami, je t'attendais.

— Je suis transpercé.

— Viens, il fait chaud dans ma cellule.

— Que fait l'abbesse ?

— Elle dort. Viens.

Et le beau cavalier est introduit dans le sanctuaire, dont naguère un christ d'ivoire, un bénitier et un rosaire étaient les seuls ornements. Quelles transformations inouïes ! quelles profanations ! Sur la cheminée brillent de lourds flambeaux, dont les bougies se réflètent en mourant dans une glace au cadre savamment sculpté. Les parfums les plus suaves s'échappent de grands vases pleins de fleurs, un riche tapis recouvre la dalle dans toute son étendue, les meubles sont incrustés, des tentures de velours ont remplacé le modeste rideau de la croisée en ogive. Il ne reste plus de la religieuse que son habit, ou plutôt il n'en reste rien, car cet habit est lui-même couvert de bijoux profanes.

Les noires moustaches du cavalier sont humides, une main tremblante les sèche avec un mouchoir armorié.

— Pauvre ami ! tu dois avoir froid ; mets-toi là, près du feu.

Le très-cher s'étend mollement dans un fauteuil; ses éperons reluisent sur le tapis. Il laisse sa main errer dans sa barbe touffue, tandis que deux yeux pleins de douceur, je n'ose dire d'amour, se fixent sur lui, — l'heureux fat !

— L'abbesse connaît tout, ma chère, l'archevêque est averti...

— Je le sais, Mais vous n'avez pas peur, je pense ! Si l'un de nous deux doit trembler, ce n'est pas vous. Et d'ailleurs, que pourrions-nous craindre ? Que dit-elle de la sœur Blanche, de la sœur Marie, qui, comme moi, ont leurs amis ?

— Leurs amis ?

La pauvre petite rougit.

Le lendemain elle était pâle.

La pieuse fondation devint donc, à l'intérieur,

l'asile des plaisirs défendus. Elle fut plus tard, au dehors, le prétexte d'un luxe effréné. « En 1786, dit un auteur contemporain, un Anglais parut à Longchamps dans un carrosse d'argent, dont les roues étincelaient de pierres précieuses, qui était traîné par des chevaux ferrés d'argent. C'était à qui étalerait le plus de richesses dans les équipages, le plus d'élégance dans les attelages et le plus de faste dans les livrées. On faisait assaut de fortune et de parure : la courtisane avec la duchesse, le financier avec le prince, et tout cela pêle-mêle, sans distiction d'état ni de rang ; c'étaient de véritables saturnales, présage, hélas ! de celles qui devaient bientôt ensanglanter l'État. Des masques couraient dans les rangs. La Mode, du haut d'un char traîné par des papillons, dictait ses arrêts, et la foule s'empressait de les recueillir, pour les transmettre de province en province, jusqu'aux confins les plus reculés de l'empire. De chaque côté de l'avenue des Champs-Élysées, on voyait assises, sur plusieurs rangs de chaises, des femmes rivalisant de parure, de fraîcheur et de beauté : elles préludaient au printemps. Dans les contre-allées se promenaient les piétons, et dans les intervalles circulaient les marchandes de plaisirs, les marchandes de coco, les joueurs de vielles et de triangles, les chanteurs italiens avec leurs harpes, leurs guitares et leurs tympanons ; les colporteurs criant la liste des plus jolies femmes de Paris : c'était une joie, une gaîté et un vacarme difficiles à peindre. Telle était la fête de Longchamps. »

On le voit, il n'y a que bien peu de chose à changer à ce tableau pour qu'il devienne le programme du Longchamps d'aujourd'hui. Nous sommes moins bruyants, moins expansifs, moins gais peut-être ; mais nous avons autant de vanité, nous aimons autant le plaisir, et nous ne sommes pas moins jaloux de montrer en public nos belles femmes et nos chevaux de sang.

La Révolution, qui renversa tant de monuments remarquables, n'épargna pas Longchamps. Le monastère fut vendu et démoli. Les promenades dont l'abbaye avait été le prétexte, cessèrent alors pour ne reparaître que longtemps après, sous l'Empire.

Je reviendrai sur cette époque, origine de l'histoire contemporaine du Bois de Boulogne. D'autres ruines, d'autres souvenirs m'appellent. Oublions donc le Bois et recommençons nos excursions dans la forêt.

III

MADRID – BAGATELLE – LA MUETTE

III

Le Château de Faïence. — Le Chevalier roi. — Le Prisonnier de Pavie. — Les émaux de Bernard Palissy. — Un Mot galant de François Ier. — Henri II et la duchesse de Valentinois. — Doux tête-à-tête. — Charles IX et Mlle de la Béraudière. — Une Ménagerie à Madrid. — Le Rêve d'un roi. — Le Chenil. — Henri IV et la religieuse de Longchamps. — Marguerite de Valois. — Plaisir et dévotion. — Opinion de Mézeray. — Saint Vincent de Paul. — Louis XIII au château de Madrid. — Louis XV y fonde une chapelle. — Vandalisme révolutionnaire. — *Bagatelle* et Mlle de Charolois. — Vers de Voltaire. — La Folie-d'Artois. — Mauvais vers de Delille. — Origine du château de *la Muette*. — Les Chasses de Charles IX. — Le Château cesse d'appartenir au domaine royal. — Il y fait retour. — La Duchesse de Berry, fille du Régent. — Ses désordres. — Sa mort au milieu des plaisirs. — Louis XV reconstruit le château. — Le baron de Gonesse. — Une Cour licencieuse. — Scandales et piété. — Une anecdote sur le Dauphin. — Marie-Antoinette et le Dauphin à la Muette. — Premier édit de Louis XVI. — Le château est délaissé pour Versailles. — La Revue des gardes françaises. — Pilâtre-Durosier. — Le Grand Banquet de la Fédération. — Démolition du château.

Voyez-vous se dessiner, derrière les arbres de cette immense avenue, ce magnifique château qui étincelle au soleil comme un énorme bloc de diamant ? Quel enchantement, quelle richesse et quelle élégance! En vérité, vos yeux ne sont-ils pas éblouis? Ne sentez-vous pas le besoin de les reposer, ne fût-ce qu'un moment, sur cette pièce d'eau si paisible, si pure et si fraîche? C'est Madrid, le château de faïence, bâti par François Ier, le chevalier-roi. Là, sans doute, il y a de grandes et splendides galeries, une riche collection de tableaux, des statues de tous les maîtres. Découvrez-vous! le voici ce chevalier, la voici cette cour, cette cour brodée et décorée, mais fière et brave et le fer au côté. Et, vous le savez, c'était un noble fer, celui-là, c'étaient de lourdes et valeureuses épées. Place! place! laissez-les passer! A tant de gloire, il faut un vaste champ! A de si nobles poitrines, il faut beaucoup d'air! Raphaël, Michel-Ange, contemporains de tant de gloire, nulle part vous ne fûtes mieux que là!

Le château de Madrid fut ainsi nommé, assure-t-on, en souvenir de la longue détention que l'illustre prisonnier de Pavie avait subie en Espagne, idée bien digne de la grande âme du prince qui avait écrit à la régente, sa mère, la fameuse lettre commençant par ces mots : « *Tout est perdu, hors que l'honneur est sauf.* »

Madrid était une admirable construction, remarquable par son architecture monumentale, et surtout par les riches émaux, œuvres de Bernard de Palissy, qui ornaient trois de ses façades.

François Ier aimait à répéter qu'il se plaisait au château de Madrid plus qu'en aucun autre lieu de la terre. Il y invitait fréquemment les dames : « Une cour sans femmes, disait-il, est une année sans printemps et un printemps sans roses. »

Habité par de semblables hôtes, le château était un séjour délicieux. Les fêtes qui s'y donnaient perdirent de leur éclat sous Henri II, qui acheva cependant la royale habitation, tout en la réduisant aux proportions d'une simple demeure d'amour et de mystère. Le tendre monarque y passait de longues heures en doux tête-à-tête avec la belle Diane de Poitiers, duchesse de Valentinois. Charles IX, après eux, vint aussi habiter de temps en temps Madrid. Il y partageait ses loisirs entre les soins qu'il donnait à une demoiselle de Rouet de la Béraudière, dont il eut un fils, et la composition de son livre intitulé *la Chasse royale*. Plus tard le château subit encore une nouvelle transformation. On y enferma des bêtes féroces que l'on faisait battre avec des taureaux pour les plaisirs du roi Henri III. Une nuit, S. M. ayant rêvé que ces animaux voulaient le dévorer, les bêtes féroces furent tuées et remplacées par des meutes de petits chiens. Tristes revirements des choses d'ici-bas ! Madrid, la splendide habitation de François Ier, l'abri plus ou moins discret des amours de trois rois, avait retenti des rugissements des tigres et des lions succédant aux doux bruits des baisers et aux tendres propos d'amour, et ce n'était plus qu'un chenil ! Heureusement, disons-le en l'honneur d'Henri IV, le successeur d'Henri III s'empressa de faire disparaître les traces de cette double souillure. L'amour rendit encore une fois à Madrid son ancienne splendeur. C'est là que le bon Roi s'entretenait tendrement avec Catherine de Verdun, la religieuse de Longchamps, qu'il envoyait fréquemment chercher dans son carrosse royal. Mais les plus belles choses ont une fin : Ces entrevues cessèrent, Henri n'alla plus à Madrid, et le château passa dans les mains de Marguerite de Valois qui le reçut en récompense du consentement qu'elle avait donné à son divorce.

Ce fut encore une belle époque pour Madrid. Selon Mézeray, Marguerite, devenue propriétaire du château de Faïence, en fit un lieu de délices et de repos. Voluptueuse et dévote, elle y réunit les plaisirs les plus variés aux pratiques les plus superstitieuses. Sa petite cour se composait de prélats, d'ecclésiastiques de la plus haute distinction et des beaux-esprits les plus renommés; voisine du monastère de Longchamps, elle y allait souvent, accompagnée de saint Vincent de Paul, qui était alors son aumônier, demander à Dieu le pardon des fredaines du château, par l'intercession d'Isabelle, la fondatrice du monastère.

Enfin, Louis XIII fit aussi plusieurs séjours à Madrid, et Louis XV y fonda, en 1724, une chapelle sous l'invocation de saint Louis. Cette pieuse fondation n'empêcha pas le château de

François Iᵉʳ d'être compris dans les démolitions prescrites par l'ordonnance royale de 1787 (1).

Entre Madrid et Longchamps, sur les confins du Bois et à peu de distance de la Seine, se trouve le parc de Bagatelle. L'habitation n'était, dans l'origine, qu'un modeste pavillon appartenant à Mˡˡᵉ de Charolois, fille de Louis, prince de Condé. C'est de cette charmante princesse que Voltaire a dit, en la voyant peinte en habit de cordelier :

> Frère Ange de Charolois,
> Dis-nous par quelle aventure
> Le cordon de saint François
> Sert à Vénus de ceinture ?

On raconte des choses fort légères de la vie de Mˡˡᵉ de Charolois. Ce qui est certain, c'est que

---

(1) Le château de Madrid fut vendu en 1793 et adjugé à une compagnie de démolisseurs. Mais la solidité de l'édifice trompa l'attente des acquéreurs qui furent ruinés par les frais de la démolition. Les brillants émaux, livrés à un *maître paveur*, avaient été pulvérisés et convertis en ciment! Quelques fragments, recueillis avec soin par le propriétaire d'une partie des anciens communs du château, ont été conservés et ont servi de modèle à la décoration de la grande porte d'entrée du bel établissement connu aujourd'hui sous le nom de Madrid, et que fréquente tout le public fashionable du Bois. Un peu en avant de cette porte, on admire un chêne séculaire qui est certainement le plus bel arbre du parc.

l'aimable personne s'efforçait de rendre le séjour de Bagatelle agréable à ses nombreux visiteurs et qu'elle y réussissait par les charmes de son esprit, son goût, sa grâce et sa beauté. M. de Melun, qui était un des commensaux ordinaires de *Frère Ange*, fut tué par une bête fauve un jour qu'il chassait dans le Bois en se rendant à Bagatelle. Mlle de Charolois mourut en 1758.

Le comte d'Artois, frère de Louis XVI, devenu propriétaire de Bagatelle, fit construire le petit château qui existe encore aujourd'hui, à la place de l'élégant pavillon. Cette construction fut, selon quelques écrivains, l'objet d'un pari de cent mille livres entre Marie-Antoinette et le comte d'Artois, qui avait affirmé que le travail ne durerait qu'un mois. Le château en miniature fut, en effet, bâti fort rapidement par l'architecte Galland, mais il coûta six cent mille livres, au lieu de cent mille, somme primitivement déclarée suffisante, et le nouveau Petit-Trianon fut baptisé du nom de *Folie-d'Artois*. Toutefois, ce nom, qui n'était qu'une épigramme, n'a pas prévalu, et le charmant château n'est connu aujourd'hui que sous le nom de Bagatelle (1).

Il me reste à parler d'un autre château, non moins célèbre que Madrid, et qui a eu le même sort.

A l'est du Bois et au nord de Passy s'élevait primitivement un modeste bâtiment destiné à la garde des meutes et des oiseaux de fauconnerie. C'est l'origine de la *Muette*, qui ne fut d'abord qu'un simple pavillon de chasse, où le roi Charles IX, de sanglante mémoire, venait fré-

---

(1) Delille, dans son poème des *Jardins*, a consacré les vers suivants à Bagatelle :

> Et toi, d'un prince aimable, ô l'asile fidèle
> Dont le nom trop modeste est indigne de toi,
> Lieu charmant, offre-lui tout ce que je lui dois :
> Un fortuné loisir, une douce retraite.
> Bienfaiteur de mes vers ainsi que du poète,
> C'est lui qui, dans ce choix d'écrivains enchanteurs,
> Dans ce jardin paré de poétiques fleurs,
> Daigne accueillir ma Muse. Ainsi du sein de l'herbe,
> La violette croit auprès du lys superbe.

Le parc de Bagatelle, propriété de M. le marquis d'Hertfort, qui en a fait un séjour enchanteur, mériterait aujourd'hui d'être chanté dans de meilleurs vers. La flatterie inspire rarement le poète.

quemment s'exercer à tuer le chevreuil et le cerf en attendant qu'il s'exerçât à tuer les hommes. Marguerite de Valois, première femme d'Henri IV, offrit le château de la Muette au Dauphin. Le château cessa peu de temps après d'appartenir au domaine royal et il n'y fit retour qu'un siècle plus tard, pendant la minorité de Louis XV. Considérablement agrandi et embelli par les ordres du régent, le château devint alors la résidence favorite de la duchesse de Berri, qui allait, disent les mémoires du temps, y passer les après-dîners avec sa nombreuse cour, et ne revenait au Luxembourg, sa résidence habituelle, que fort avant dans la nuit.

Il me répugne de me faire ici, même en quelques lignes, l'historien de tous les désordres dont la courte existence de cette princesse paraît être remplie. Les mémoires sur la Régence, les écrits du temps sont pleins d'accusations qui ne semblent que trop justifiées par la conduite dissolue de la fille du Régent. Son séjour à la Muette fut une suite non interrompue de fêtes bruyantes.

La Duchesse mourut à la fleur de son âge et au milieu des plaisirs.

Louis XV fit à son tour reconstruire le château. On le surhaussa d'un étage, on étendit les jardins aux dépens du Bois de Boulogne. Le bâtiment présentait un grand corps de logis flanqué de deux pavillons et composé d'un rez-de-chaussée, d'un premier étage et de mansardes. Le jardin reçut les plus magnifiques orangers et les fleurs les plus précieuses, tandis que les appartements s'enrichissaient des chefs-d'œuvre de la peinture et de la statuaire.

Louis XV venait fréquemment à la Muette avec le duc de Richelieu, son premier gentilhomme, quelques favoris et des courtisanes; il prenait alors le titre de baron de Gonesse pour que la majesté royale fût moins compromise dans ces fêtes où régnaient trop souvent la familiarité et la licence. Ces désordres, qui remplissaient la vie du roi Louis XV, et qui sont écrits tout au long dans notre histoire de France, n'empêchaient pas, du reste, le châtelain de la Muette d'entendre régulièrement la messe dans la chapelle du château et d'accomplir ses autres devoirs religieux.

Un écrivain contemporain, qui a recueilli sur Passy et les environs des chroniques pleines d'intérêt, raconte l'anecdote suivante, qui prouve que tout à la Muette respirait l'esprit funeste dont le maître était animé.

« On rapporte, dit-il, que Louis XVI étant encore Dauphin, et se trouvant au château de la Muette, où il avait suivi son aïeul, témoigna le désir de faire une promenade du côté des Bons-Hommes; que les courtisans en profitèrent pour faire trouver sur son passage une jeune personne qu'ils y avaient attirée; qu'ils la lui firent remarquer en vantant ses grâces et sa beauté; que le Dauphin la trouva fort jolie, et demanda quel état elle professait; que les courtisans lui répondirent que c'était une marchande de Paris; qu'alors le jeune Dauphin s'écria : *Que vient-elle faire ici? elle ferait mieux de rester à sa boutique que de venir perdre son temps à la promenade.* »

Cette réponse, ajoute le chroniqueur, atterra ces

jeunes libertins, qui s'en retournèrent en silence à la Muette à la suite du Dauphin, et n'osèrent plus tenter de pareilles scènes.

Cette candeur et cette honnêteté n'étaient-elles pas comme le prélude à cette vie de vertu, de bonté et d'abnégation qui fut couronnée par le martyre ?

Le Dauphin et Marie-Antoinette passèrent les premiers temps de leur mariage au château de la Muette. Après la mort de Louis XV, le premier acte du jeune souverain fut l'édit connu sous le nom d'édit de la Muette. On y trouve le passage suivant :

« Il est des dépenses qui tiennent à notre personne et au faste de notre cour ; sur celles-là nous pourrons suivre plus promptement les mouvements de notre cœur, et nous nous occupons déjà des moyens de les réduire à des bornes convenables. De tels sacrifices ne nous coûteront rien dès qu'ils pourront tourner au soulagement de nos sujets ; leur bonheur sera notre gloire, et le bien que nous pourrons leur faire sera la plus douce récompense de nos soins et de nos travaux. Voulant que cet édit, le premier émané de notre autorité, porte l'empreinte de ces dispositions et soit comme le gage de nos intentions, nous nous proposons de dispenser nos sujets du droit qui nous est dû à cause de notre avènement à la couronne ».

Est-il possible de lire ces lignes sans attendrissement !

Les circonstances ayant ramené la cour à Versailles, le château de la Muette ne fut plus visité que de temps en temps par le couple royal. Le Roi y venait au mois de mai pour y passer la revue des gardes-françaises ; la Reine l'accompagnait, et restait quelques jours au château.

Je ne dois pas oublier de dire que c'est auprès de la Muette qu'eut lieu, en 1783, la première ascension aérostatique tentée en France. Pilatre-Durosier, accompagné du marquis d'Arlande, s'éleva dans les airs en présence de la Cour, et aux applaudissements d'une foule immense.

C'est dans les jardins de la Muette que fut servi, en 1790, le grand banquet donné par la ville de

Paris aux députés de tous les corps de l'armée et des communes de France, à l'occasion de la fédération. Plus de vingt mille fédérés prirent place à ce banquet monstre.

Enfin, comme Madrid, le château fut mis en vente et démoli en grande partie pendant la révolution. Ce qu'il en reste, les bâtiments modernes et le parc, forment encore aujourd'hui une très belle propriété.

IV

LES VILLAGES.

IV

Origine de *Passy*. — La Seigneurie. — M. de la Popliniére. — M. de Boulainvilliers. — Le château de la Princesse de Lamballe. — L'Hôtel Valentinois. — Autres hôtels historiques. — Louis XV et Mlle de Romans. — Les Eaux thermales. — Leurs propriétés singulières. — J.-J. Rousseau à Passy. — Vers du père Lemoine. — Les grands hommes à Passy. — Origine d'*Auteuil*. — Le vin d'Auteuil. — La maison de Boileau. — Vers de Voltaire. — La maison de Molière. — Mme Helvétius. — Le chancelier d'Aguesseau. — L'Hôtel Praslin. — Une Histoire sinistre. — Le Printemps à Auteuil. — Origine de *Boulogne*. — Les Blanchisseuses. — Il faut y prendre les Rosières. — Maison de Cambacérès.

Passy, qui ne fut d'abord qu'un hameau, est aujourd'hui un gros bourg, presque une petite ville, car on y compte plus de 8,000 habitants. Passy, situé à l'ouest de Paris, entre le Bois de Boulogne et le mur d'enceinte, qu'il domine, se trouve sur le penchant d'une colline qui borde la rive droite de la Seine. «La plupart des médecins de la capitale envoient à Passy leurs malades en convalescence », dit un écrivain. « L'air vivifiant et salubre qu'on respire en ce lieu, l'étendue et la beauté des promenades qui l'entourent, les rétablissent très promptement, et c'est à l'influence de sa position sur une hauteur, à la proximité d'un bois, d'un fleuve et d'une plaine, qu'on doit sans doute la longévité qu'on y remarque. Les octogénaires et les nonagénaires sont très nombreux à Passy. »

A l'origine, Passy se nommait *Pas ici* ou *icy*, dont on a fait, par corruption, Passi ou Passy. Le véritable fondateur de Passy paraît être le roi Charles V. Je dois dire, cependant, pour mettre ma conscience à l'abri, que les historiens sont loin d'être d'accord sur ce point. Quoi qu'il en soit, le petit hameau, primitivement simple annexe de la paroisse d'Auteuil, s'enrichit successivement de diverses fondations religieuses (1), reçut la visite de plusieurs souverains, et s'étendit tant et si bien qu'il devint une des paroisses du diocèse de Paris (1672).

(1) Le monastère des Bons-Hommes, celui de la Visitation, etc.

« Les voyages assez fréquents de Louis XV au château de la Muette », dit l'auteur que j'ai déjà cité, « contribuèrent aussi à l'affluence qui se portait à Passy. On aimait à trouver réunis les plaisirs de la cour à ceux de la campagne, et beaucoup de seigneurs firent construire ces grands hôtels que l'on remarque encore aujourd'hui, et qui font le plus bel ornement de cette commune. »

Passy a eu ses seigneurs, est-il nécessaire de le dire? L'habitation du seigneur s'appelait *la Seigneurie*. Trois châteaux ont été successivement consacrés à cette résidence :

1° La *villa Dominica*, métairie qui faisait partie des domaines du Roi ;

2° Le manoir des seigneurs féodaux,

3° Et enfin le château de M. de Fontaine.

Nous avons une description assez curieuse de la *Seigneurie* de Passy en 1670. Elle est du père Le Moine, auteur du poème de Saint-Louis. Ce religieux, qui passait, paraît-il, ses vacances chez Mme Christine de Heurles, veuve de Chahu, a fait de ce séjour un récit dont voici le passage le plus original :

Le bâtiment n'est pas de ces hauts édifices
De rapines meublés, fondés en injustices,
Où le luxe insolent met les pays en parcs,
Des fleuves en canaux et des monts en remparts.
On n'y voit point le sang des races dévorées
En estrades d'ivoire, en alcôves dorées ;
On n'y voit point l'espoir des peuples ruinés
En meubles superflus du Levant amenés ;
On n'y voit rien des autres artifices
Qui servent de matière aux bizarres délices ;
 Mais on y voit la médiocrité
 Prise au compas de l'exacte équité,
 La bonne foi, la conscience pure
 De toute honte et de toute souillure,
 Richesse rare en ce temps perverti,
  Où le sale gain d'un parti
Donne plus de crédit que la vertu n'en donne
 A quelque preux qu'elle couronne.
Les grâces sont ici modestes et sans fard,
 Elles n'y prennent rien de l'art,
 Et partout où marche Christine,
Qui les égale en taille et les égale en mine,
Elles vont devant elle et sèment son chemin,
De force tubéreuse et de force jasmin.
Le soleil même est complaisant pour elle,
Et par les mains de l'aurore nouvelle,
Dès que le jour commence à se dorer,
Il fait ses fruits et ses fleurs colorer.

Le château de M. de Fontaine, l'un des derniers

seigneurs du lieu, passa successivement dans les mains de M. Bernard de Saint-Serre, de M. Bernard de Rieux, fils du célèbre Samuel Bernard, et il échut par succession à M. le marquis de Boulainvilliers, qui le vendit à M. le Riche de la Poplinière, fermier-général. On connaît les mésaventures conjugales de ce personnage. Elles ont fourni le sujet de plusieurs pièces à succès. La Poplinière était, du reste, un fort galant homme. Il aimait les lettres et il recherchait les écrivains. Il avait commis un méchant roman intitulé *Dafra*, qui avait fait dire à Voltaire : « C'est, je vous jure, un des plus absurdes ouvrages qu'on ait jamais écrits. Pour peu que l'auteur en fasse encore un de ce goût, il sera de l'Académie. » Piron ne le ménageait pas davantage ; il lui dit un jour, à la suite d'une vive querelle : « Allez, Monsieur, allez cuver votre or. » M. de La Poplinière était charitable, mais il faisait la charité avec ostentation. Il s'amusait souvent à jeter de l'argent aux paysans et il se réjouissait beaucoup de leurs luttes. Il mariait tous les ans six pauvres filles du village, et il leur donnait un vêtement, un trousseau et une dot de 500 livres tournois. J.-J. Rousseau fut invité à une de ces cérémonies, qui se terminaient par des jeux, des danses et des divertissements dans les jardins et dans l'intérieur du château.

A la mort de M. de la Poplinière, le château redevint la propriété de M. de Boulainvilliers, qui rentra en possession de la seigneurie de Passy. Le souvenir de la douceur et de la charité de Mme de Boulainvilliers, parente de Mme de Genlis, est encore dans le cœur des habitants de Passy. Il a survécu au château, qui fut démoli par la spéculation en 1826, et sur l'emplacement duquel s'élève aujourd'hui tout un quartier du bourg, qui a reçu le nom de Boulainvilliers.

A mi-côte du plateau de Passy, au milieu d'un jardin dont l'aspect mélancolique inspire la tristesse et le recueillement, s'élève un autre bâtiment. C'est le château de la princesse de Lamballe, de la plus touchante victime de notre révolution.

Parmi les autres habitations historiques de

Passy, je ne dois pas oublier l'ancien hôtel Valentinois, célèbre par les fêtes, les galanteries et les excentricités de la comtesse de ce nom, et illustré par le séjour qu'y fit, en 1777, le docteur Franklin, alors ministre de la fédération américaine près la cour de France; l'hôtel Bertin et ses gais souvenirs; l'hôtel de l'ambassadeur persan qui reçut le shah Abdoul-Hassen; la maison Sillery-Genlis, où Mᵐᵉ de Genlis venait souvent avec la petite famille d'Orléans, dont elle était gouvernante, et « où se réunissaient, en 1789, dit un écrivain, Valence, Dumouriez, d'Aiguillon, Le Pelletier, l'abbé Siéyes, Mirabeau et Robespierre, sous la bannière des francs-maçons, pour ourdir leurs plans révolutionnaires. » Je ne dois pas oublier non plus la maison de la Folie, offerte par le roi Louis XV à Mˡˡᵉ de Romans. Le galant monarque faisait de fréquentes visites à cette charmante personne. Un fils naquit de leurs amours. Après son accouchement, Mᵐᵉ de Romans reçut le billet suivant, écrit de la main du Roi:

« *M. le curé de Passy, en baptisant l'enfant de*

Mlle *de Romans, lui donnera les noms suivants: Louis N. de Bourbon.* » Plus tard, Louis XV regretta cette complaisance et fit enlever le fils des mains de sa mère. Mlle de Romans, dit M. de Lacretelle, n'osa réclamer contre cette violence qu'après la mort de Louis XV. Louis XVI lui rendit son fils, qu'il protégea, et qui fut connu sous le nom de l'abbé de Bourbon. On lui destinait le chapeau de cardinal, l'abbaye de Saint-Germain-des-Prés, et l'évêché de Bayeux, lorsqu'il mourut à Rome.

On le voit, Passy se ressentait fort du voisinage de Paris et des visites des souverains. Les mœurs y étaient plus que légères, l'or y coulait à flots et la vie y semblait une fête perpétuelle. Une circonstance fortuite acheva ce que les libéralités royales, a pureté de l'air, la beauté du site et la proximité du Bois avaient si bien commencé. On y découvrit une source d'eaux thermales, qui mit le comble à la fortune du village. Cette découverte, habilement exploitée, attira un grand concours de monde, malades ou promeneurs. Bientôt il fut de bon ton d'aller aux eaux de Passy ; on ne parlait que des cures merveilleuses opérées par leur vertu ; elles guérissaient toutes les maladies, et les aventures galantes dont elles étaient souvent le prétexte avaient de l'écho jusque sur nos théâtres. On en faisait des pièces, on les racontait sous formes de romances et on les chantait.

Pannard avait introduit le couplet suivant, dans son ballet des *Fêtes galantes*, représenté en 1730 :

> De Bourbon l'on m'écrit
> Qu'une jeune malade,
> Après avoir sans fruit
> Sablé mainte rasade,
> Par le secours de Cupidon
> Avait trouvé sa guérison.
> Ceci n'est point une merveille.
>   Eh zon, zon, zon,
>   A Passy, dit-on,
>   On voit chose pareille.

Jean-Jacques Rousseau lui-même ne résista pas au mouvement ou plutôt à la mode qui entraînait la société élégante à Passy. Le philosophe vint y prendre les eaux, et c'est là qu'il ébaucha son *Devin du Village* :

« Le matin, en me promenant et prenant les

eaux, je fis quelque manière de vers très à la hâte, et j'y adaptai des chants qui me vinrent. Je barbouillai le tout dans une espèce de salon voûté qui était au haut du jardin.... Les trois morceaux que j'avais esquissés étaient le premier monologue : *J'ai perdu mon serviteur ;* l'air du Devin : *L'amour croit s'il s'inquiète ;* et le dernier duo : *A jamais, Colin, je t'engage,* etc. » (1)

Le bruit se répandit que les eaux de Passy étaient un remède infaillible contre la stérilité des femmes, et véritablement beaucoup de dames qui les avaient prises s'en revinrent enceintes sous le toit conjugal. C'est ce miracle que cherche à expliquer le père Lemoine lorsqu'il dit des corps langoureux des baigneurs :

> Ils vont d'une brûlante haleine
> Mettre le feu dans la fontaine,
> Et quiconque y vient après eux,
> Surpris de ses humides feux,
> En les buvant boit une maladie
> A quoi nulle eau ne remédie.

Malgré ces vertus, peut-être à cause de ces

(1) *Confessions,* livre VIII.

vertus, les eaux thermales de Passy ont vu leur réputation s'amoindrir graduellement, et aujourd'hui il n'en est plus guère question. Les maris commencèrent à leur porter le premier coup en les défendant à leurs femmes, dans la crainte qu'elles ne les rendissent trop fécondes. Ceci prouve que les meilleures choses ont leur mauvais côté. Et puis, que voulez-vous? Passy est aux portes de Paris, la grande ville n'est séparée du bourg charmant que par l'épaisseur d'un mur. Ces eaux là sont trop près pour que l'on croie à leurs vertus. Nous aimons mieux prendre la poste ou la vapeur, franchir une distance de 200 lieues et nous en aller aux Pyrénées, à Bade ou à Hombourg. Ce qui est loin de nous a tant de charmes !

> Si ces coteaux ne peuvent pas briller,
> Ainsi que ceux d'Auteuil et de Surenne,
> D'un bois tortu dont la grappe avec peine
> Fournit un jus qui gratte le gosier,
> Des flancs pierreux de ce terrain calcaire
> Coule une source et pure et salutaire,
> Dont Esculape a tiré grand profit
> Tant qu'ont duré la mode et le débit (1).

(1) Épître à Passy, par Dumersan.

Quoi qu'il en soit de l'efficacité de ses eaux thermales, **Passy** n'en est pas moins un séjour charmant et dont la vogue ne paraît pas devoir s'arrêter. Ses annales sont pleines des souvenirs laissés par les hommes illustres qui l'ont tour à tour habité : **J.-J. Rousseau, Franklin, le comte d'Estaing, La Tour-d'Auvergne, le général Moreau, le Père Lemoine, Delafont, Goldoni, Marie-Joseph Chénier, André Chénier,** son frère, **Marsollier, Hoffmann, Picard, Piccini, Gossec, l'abbé Raynal, l'abbé Gérard.** Plus récemment, Passy a été la résidence de MM. **de Las-Cases, Michaux, Droz, Deyeux** père et fils, **Monteil, J. Janin, Brazier, Dumersan.** Enfin, il y a quelques années à peine, Passy s'enorgueillissait de compter **Béranger** au nombre de ses habitants, et aujourd'hui encore c'est le séjour de prédilection, le lieu de repos, de recueillement où de travail d'une foule de notabilités dans les lettres, les sciences, les arts et même la politique.

J'ai accordé tant de place à Passy qu'il me sera bien difficile de ne pas abréger beaucoup mon esquisse d'Auteuil. Et cependant, que de souvenirs viennent encore se presser sous ma plume ! Ce charmant village, déjà connu en 1160 sous la triple appellation d'*Attoulium*, d'*Attolium* et d'*Autolium*, appartenait à l'abbaye de Sainte-Geneviève. Ses vins avaient alors une célébrité qu'ils ont bien perdue depuis. « Qui pourrait s'imaginer, dit Sainte-Foix dans ses Essais, que le vin d'Auteuil fut autrefois en si grande réputation qu'on en envoyait jusqu'en Danemarck ? » Aujourd'hui le vin d'Auteuil n'est pas meilleur que celui de Suresnes, qui eut, lui aussi, sa part de vogue et qui fut chanté par les poètes.

Auteuil est situé sur le prolongement de la colline dont Passy occupe une partie, et, comme Passy, Auteuil doit sa plus grande célébrité aux personnages illustres qui l'ont habité.

Faire l'histoire d'Auteuil, ce serait presque faire l'histoire de la littérature au XVIIe siècle. Boileau y possédait une maison de campagne, où il se plaisait à réunir les écrivains les plus célèbres. Racine, Molière, Lafontaine et Chapelle étaient ses commensaux habituels. On se rappelle les vers de Boileau à son jardinier :

> Laborieux valet du plus commode maître,
> Qui, pour te rendre heureux, ici-bas, pouvait naître,
> Antoine, gouverneur de mon jardin d'Auteuil.
> Qui dirige chez moi l'if et le chèvrefeuil, etc.

Boileau excellait au jeu des quilles; il le dit lui-même, et Louis Racine confirme cette particularité. La maison de Boileau était très-laide; le poète, devenu vieux, la vendit, mais il y conserva une chambre. Un jour qu'il se promenait dans le jardin, ne voyant plus un berceau qu'il aimait : « Qu'est devenu mon berceau? » demanda-t-il à Antoine. — « Je l'ai abattu par ordre du propriétaire, » répondit le jardinier. — « Je vois bien que je ne suis plus le maître ici, » reprit le poète avec amertume. Il regagna la route et ne revint plus à Auteuil.

Plus tard, Voltaire visita cette maison, et il fit cet impromptu :

> C'est ici le vrai Parnasse
> Des vrais enfants d'Apollon,

Sous le nom de Boileau ces lieux virent Horace,
Esculape y paraît sous celui de Gendron (1).

Molière eut aussi sa maison de campagne à Auteuil, qu'il habitait pendant la belle saison.

C'est dans cette modeste demeure que se passa la plaisante aventure que tout le monde connaît, et qui a été mise sur la scène par Andrieux, dans sa comédie de : *Molière avec ses amis, ou le Souper d'Auteuil*.

A la place de cette maison, détruite par le temps, on a élevé un petit temple en forme de rotonde ; sur le fronton, supporté par quatre colonnes d'ordre dorique, on lit : *Ici fut la maison de Molière*.

Mme Helvétius, après la mort de l'auteur du livre de l'*Esprit*, vint habiter Auteuil. Son petit salon réunissait Champfort, Turgot, l'abbé Morellet, La Roche, Thomas, Franklin, Cabanis, Boufflers et quelques autres personnages de l'époque. Bonaparte, qui savait apprécier toutes les

---

(1) Gendron, médecin et ami de Boileau, était alors propriétaire de la maison.

vertus, visitait aussi quelquefois Mme Helvétius. « Vous ne vous doutez pas, lui dit-elle un jour, combien on peut trouver de bonheur dans trois arpents de terre. »

Le chancelier d'Aguesseau possédait aussi une maison de campagne à Auteuil. Il y fut enterré près de sa femme, et leur famille érigea en leur mémoire une pyramide, qui se trouve sur la place de l'Eglise, anciennement le cimetière.

Je ne puis quitter Auteuil sans nommer l'hôtel de Praslin (nom sinistre à plus d'un titre !) et sans parler de l'affreux malheur dont cette habitation fut le théâtre en 1827. C'est dans ce château que périt au milieu des flammes la princesse de Carignan. « Elle écrivait près de la cheminée, disent les journaux de l'époque, lorsqu'une étincelle mit le feu à ses vêtements. Elle ne s'en aperçut qu'après que le feu eut fait de rapides progrès et qu'elle se vit environnée de flammes. Elle appelle, elle sonne, mais en vain ; le feu devient plus violent ; elle sort de son appartement, saute dans sa cour ; qu'on juge de l'effroi des domestiques en voyant tout à coup apparaître, enveloppée de la tête aux pieds d'une flamme immense, une espèce de fantôme courant, s'agitant violemment, tournant sur lui-même avec une extrême vélocité, et poussant des hurlements affreux. Ils reconnaissent pourtant leur maîtresse à ses cris déchirants; ils courent alors au puits, au réservoir, partout où ils peuvent se procurer de l'eau, et l'inondent; mais il n'était plus temps, les cris avaient cessé, la princesse était morte! »

Hâtons-nous de détourner les yeux de ce terrible spectacle pour les reporter sur les gracieuses et coquettes habitations qui font d'Auteuil une sorte de décoration théâtrale. Auteuil est presque désert pendant les six mois de mauvais temps; mais comme il prend sa revanche quand les beaux jours sont revenus! Les volets verts s'ouvrent, les allées sont sablées, les fleurs débordent partout, et la gaîté est sur tous les visages. C'est alors qu'il faut aller voir Auteuil, ses jardins, sa population parisienne en grands chapeaux de paille, ses jolies filles, ses pigeons qui voltigent de la route au colombier, ses omnibus qui passent tout pleins de gais visages, ses cuisines où flambe un feu ardent, ses ânes qui courent et renversent les enfants sans les blesser, ses jardiniers en bottes vernies et en cheveux frisés. C'est la campagne de Paris, campagne toute parfumée des senteurs de l'héliotrope et du jasmin, mais qui sent aussi la Bourse et le boulevart de Gand. C'est un tableau animé, gracieux, pittoresque, bizarre, que vous chercheriez vainement quelques kilomètres plus loin, qui porte à rire et à penser, que le pinceau peut rendre, mais que la plume ne sait décrire.

Voici, par exemple, un grand bourg moins gai, bien qu'il ait donné son nom au Bois qui fait le sujet de cet ouvrage :

« En 1319, dit l'auteur des Chroniques de Passy, c'était le temps des confrères, des flagellants, des pèlerins. On les voyait courir le monde en se fustigeant. Quelques bourgeois de Paris, animés d'un saint zèle, résolurent, pour l'expiation de leurs péchés, de se rendre en pèlerinage à

Boulogne-sur-Mer où se trouvait une image de la Vierge, alors en grande vénération.

« A leur retour, pour conserver le souvenir de ce pèlerinage, et se rendre plus dignes encore des bontés de la Vierge qu'ils avaient été visiter, ils résolurent de bâtir aux Menus-Saint-Cloud, où deux des confrères pèlerins avaient un terrain assez spacieux, une église entièrement semblable à celle de Boulogne-sur-Mer.

« Ils sollicitèrent à cet effet l'autorisation de Philippe V, dit le Long, qui la leur accorda. »

Telle est l'origine de Boulogne, de ce village où toutes les blanchisseuses semblent s'être donné rendez-vous. Boulogne a tout l'aspect d'une petite ville de province, plus l'animation résultant de sa situation sur la route de Paris à Saint-Cloud. Placé sur la limite opposée du Bois, il est comme l'antipode de Passy et surtout d'Auteuil. Là tout est commerce, travail, industrie. C'est à peine si Boulogne sait qu'il existe à sa porte un Bois qui porte son nom. Boulogne est sage, laborieux, s'amuse peu et ne se promène guère. Boulogne, fidèle à sa tradition monacale, a conservé l'esprit religieux (1). Ses habitants ne se fustigent plus, mais ils vont à la messe tous les dimanches. Enfin, Boulogne rit des Parisiens qui passent en toilette, prise peu les beaux équipages qui le traversent et ne quitte son bourgeron que pour se rendre à l'office divin. C'est là qu'il faut aller chercher les véritables rosières, bien usées à Nanterre depuis qu'elles viennent nous vendre leurs petits gâteaux; c'est là aussi qu'il faut choisir sa blanchisseuse, pour avoir du linge bien blanc, fidèlement rendu, sans boucles perdues ni boutons arrachés.

Disons, pour être juste, que Boulogne possède, quelques jolies maisons de campagne, au nombre desquelles se trouve une ancienne habitation de l'archi-chancelier Cambacérès.

(1) Le journal du règne de Charles VII rapporte qu'en 1429 le frère Richard, cordelier, y attirait tout Paris par ses sermons. Il prêcha un jour avec tant d'éloquence et de succès contre le luxe et le jeu, que les Parisiens, qui l'avaient entendu, à peine de retour chez eux, se hâtèrent d'allumer dans les rues de grands feux, « *dans lesquels les hommes brûlaient tables, cartes, billes, billards, boules; et les femmes les atours de leur tête, comme bourseaux, truffes, pièces de cuir et de baleine, leurs cornes, leurs queues, etc.* »

V

L'ANCIEN CALVAIRE DU MONT-VALÉRIEN

V

Origine du *Calvaire*. — Tableau du Calvaire en 1812. — Dulaure et les moines. — La Vie monacale. — Le Cimetière de la Communauté. — Bernardin de Saint-Pierre et J.-J. Rousseau au Calvaire. — Un mot de Rousseau. — Suppression de la Communauté. — La Restauration la rétablit. — Solennité de la Semaine-Sainte. — Désordres du retour. — Le Mont-Valérien et le vin du Suresnes.

Je ne puis faire l'historique du Bois de Boulogne, de ses châteaux et des villages qui l'avoisinent, sans consacrer au moins quelques lignes à l'ancien calvaire du Mont-Valérien.

« Hubert Charpentier, d'abord grand-vicaire de l'archevêché d'Auch, dit M. de Pontbriand, dans son pèlerinage du Calvaire, ne fut pas plutôt dans les fonctions du ministère qu'il se livra tout entier au salut des âmes; et pour le faire avec plus de succès, il inspirait à tout le monde la dévotion à la croix; il parlait souvent des souffrances de Jésus-Christ, et avec tant de fruit, que les plus grands libertins en étaient touchés jusqu'à en verser des larmes. Le nouveau missionnaire s'attira bientôt la confiance de tous les peuples. On venait en foule pour écouter ses instructions; on le regardait déjà dans le pays comme un apôtre suscité du Ciel pour attirer à Dieu tous les peuples qui auraient le bonheur de l'écouter.

« Il fit bâtir un calvaire à Bétharan, dans le diocèse de Lescur, et forma un autre établissement à Garaison, où le Seigneur répandit ses bénédictions. La foi s'accrut, les crimes disparurent, et l'on vit en très-peu de temps d'heureux changements dans les cœurs.

« Des fruits si abondants ne firent qu'exciter encore davantage le zèle du saint missionnaire; les effets merveilleux et les prodiges éclatants qu'il avait vu s'opérer dans ses courses apostoliques par la vertu de la croix, lui firent naître le dessein de ranimer une dévotion si précieuse et de la faire embrasser à un plus grand peuple. Incertain de quel côté il tournerait ses pas, l'esprit de Dieu lui inspira, pour notre bonheur, de venir planter la croix à la porte de la capitale de ce royaume, qui, par la multitude prodigieuse de ses habitants et la magnificence de ses édifices, était regardée dès lors comme la plus belle et la plus considérable ville du monde, mais aussi comme le théâtre où le luxe et la vanité régnaient avec le plus d'empire. Ce saint prêtre se persuada qu'en élevant un calvaire à côté de cette superbe ville, il opposerait une barrière à l'impiété et au libertinage ; il espérait même que l'objet adorable de notre rédemption, placé sur un lieu éminent, serait pour tous ces riches sensuels un continuel avertissement de pénitence, et que peut-être plusieurs de ces mondains, apercevant ce nouveau Calvaire, auraient honte de couler leurs jours dans l'oisiveté et la mollesse, et viendraient au pied de la croix de Jésus-Christ briser leurs idoles, et faire l'heureux sacrifice de leur vanité.

« Animé par de si grandes espérances, il quitta, au grand regret des peuples, le diocèse d'Auch, et vint sans différer où le Seigneur l'appelait. La Providence le conduisit sur le Mont-Valérien. Il vit que cette montagne dominait sur tout Paris ; que, par son heureuse situation, elle présentait un spectacle qui, en effaçant tout ce que l'art a inventé de plus beau, donnait à l'homme une riche idée de la grandeur et de la magnificence du Créateur. Tous ces villages, remplis de peuples fidèles, dont la montagne est environnée, lui assuraient pour la croix un grand nombre d'adorateurs. Il apprit même des habitants que, du temps de François Ier, on y avait planté trois croix et qu'on y avait trouvé une grande pierre sur laquelle étaient représentées les circonstances de la passion de Jésus-Christ : ce qui faisait qu'on lui avait donné le nom de *Montagne des trois Croix*.

« Monsieur Charpentier ne pouvait désirer un endroit plus convenable à son dessein : aussi se détermina-t-il à y bâtir son calvaire. Mais comment réussir et lever les obstacles qui se présentaient ? Ce terrain appartenait à plusieurs seigneurs qui n'avaient nulle envie de le céder. Messieurs de Sainte-Geneviève et les religieux de Saint-Denis y avaient des prétentions; il fallait du crédit et des sommes considérables pour l'acquérir et y faire un établissement tel qu'il le désirait; il n'avait par lui-même aucune ressource; il se trouvait sans biens, sans appui; on lui faisait même chaque jour de nouvelles difficultés; et, à ne consulter que ses propres forces, son projet ne pouvait réussir. Mais le saint homme, qui avait éprouvé plus d'une fois que Dieu n'abandonne jamais ceux qui travaillent pour sa gloire, ne se découragea pas. Dès qu'il eût obtenu la permission de M. l'archevêque de Paris de bâtir son calvaire, plein de confiance dans le secours du Ciel, il va en cour, obtient une audience de M. le cardinal de Richelieu, lui expose simplement son projet et les fruits qu'il en espère. Le grand ministre lui fit un accueil des plus favorables, lui promit sa protection, et, pour l'assurer davantage, il lui fit dès ce moment de grandes libéralités.

« Un si heureux commencement lui fit espérer de nouveaux succès. Son projet s'étant répandu à

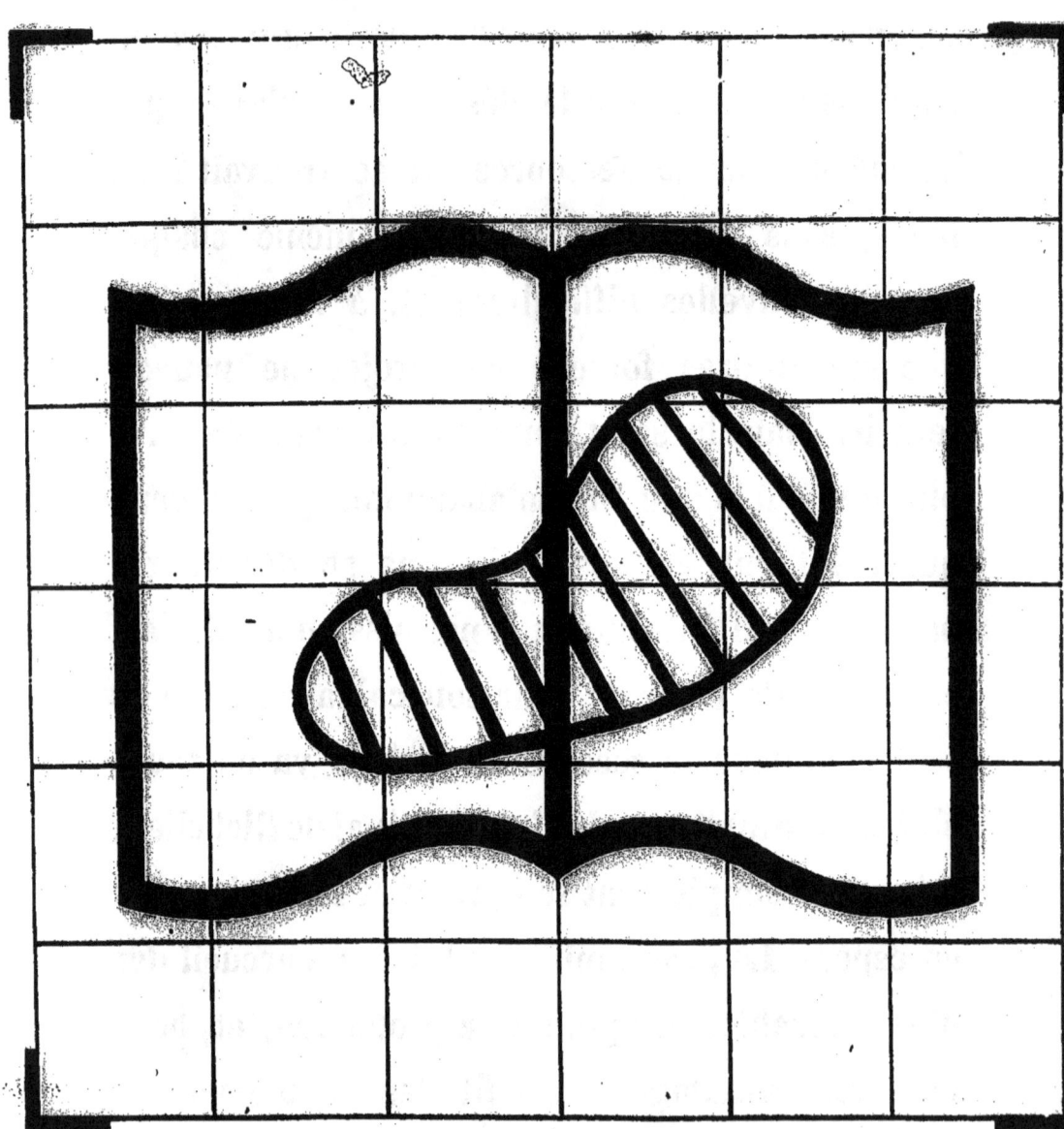

la cour et à la ville, il y trouva de grands protecteurs. M. le prince de Conti, M. le cardinal de La Rochefoucault, alors abbé de Sainte-Geneviève, employèrent leur crédit pour le faire réussir, et, en très-peu de temps, toutes les difficultés s'évanouirent.

« Dès que M. Charpentier se vit en possession du terrain, il planta trois croix sur cette montagne, fit bâtir une église et une maison pour servir de retraite à plusieurs prêtres qu'il s'était associés ; il obtint des lettres patentes de Louis XIII au mois de février 1640, qui furent enregistrées au parlement ; elles donnent la permission d'établir une congrégation de prêtres au Mont-Valérien, pour y vivre conformément aux statuts de M. de Gondy, alors archevêque de Paris, avec le pouvoir auxdits prêtres de s'établir partout où les évêques voudraient les appeler. »

Ce fut par une belle soirée du mois de mai 1842 que je fis mon premier pèlerinage au Calvaire. En 1837, pendant un séjour aux Pyrénées, j'avais plus d'une fois visité celui de Bétharan, et les souvenirs qui m'en étaient restés me faisaient ardemment désirer de connaître le lieu de retraite et le tombeau de l'ancien grand-vicaire de l'archevêque d'Auch.

Je suivis un petit chemin bordé d'arbres, appelé par les habitants des environs *Chemin de Charles X*. La route était déserte et la campagne silencieuse. Les tilleuls, les acacias et d'immenses champs de rosiers en fleurs emplissaient l'air de leurs parfums.

Après trois quarts-d'heure environ d'une ascension facile, vingt fois interrompue pour regarder à mes pieds le paysage qui déroulait à chaque pas de nouveaux trésors, j'atteignis le sommet de la montagne, et me trouvai, au détour d'un bouquet d'arbres, devant les ruines du Calvaire.

Au centre d'une plate-forme plantée de grands arbres, s'élevaient les restes de l'ancien couvent : une chapelle en ruines, extérieurement entourée d'un cloître circulaire soutenu par douze colonnes, et deux grands corps de bâtiments percés d'un triple rang de croisées. Les débris des trois croix gisaient parmi les ronces et les mauves, dont les longs bras et les hautes tiges recouvraient la terre de toutes parts.

Le soleil couchant jetait sur ces vieilles pierres des tons roses et pâles, qui s'attachaient aux aspérités des sculptures, illuminaient les crevasses des murs, et couraient en guirlandes chatoyantes sur les sommets touffus d'une vieille charmille.

De distance en distance, de petites chapelles, lieux de station des religieux, apparaissaient parmi les arbres. A l'ouest du couvent, un grand verger, encore fermé par une grille, ne présentait plus que les rares troncs, noirs et sans sève, de quelques arbres fruitiers étouffés par la végétation, âpre mais luxuriante, des plantes parasites. Quelques pans de murs délabrés, une tour en ruines, les marges d'un puits comblé et une fontaine tarie sortaient d'entre les herbes.

Le vaste espace qui se déroulait entre l'horizon enflammé et la montagne, se revêtait sur tous les points de ces tons bizarres et heurtés, avant-coureurs du crépuscule. Rueil, Nanterre, la Malmaison, et leurs campagnes s'effaçaient déjà dans l'ombre, tandis que les collines de Ville-d'Avray et les contours des petites forêts du sud s'illuminaient d'un dernier rayon. L'ombre et la lumière se livrèrent pendant quelques minutes une silencieuse bataille, puis une seule teinte, calme et mélancolique, enveloppa les champs et les collines; de grands nuages se levèrent dans la direction de Marly et montèrent sur le ciel : le soleil avait disparu.

Jusqu'à ce moment, j'avais été retenu à l'ouest de la plate-forme par la beauté du spectacle. Une autre partie du Calvaire, la partie la plus intéressante, me restait encore à visiter. Je pris, à travers les charmilles, un petit sentier bordé de touffes de lilas, mais rempli de hautes herbes et d'orties, je longeai la cour méridionale du couvent, et me trouvai sur une belle terrasse plantée de tilleuls et parfaitement conservée.

Aux extrémités de cette terrasse, s'élevaient deux chapelles fermées par une forte grille. C'était là que les fidèles venaient autrefois déposer leurs offrandes (1).

(1) A cette occasion, Dulaure, qui, tout en déplorant notre peu de respect pour les monuments historiques, et notre vandalisme, ne laissait jamais dormir sa grande colère contre les moines et les prêtres, s'exprime ainsi dans une note de son *Histoire des Environs de Paris* :

« Le charlatanisme, qui pénètre partout, s'établit jusque sur
« la montagne du Calvaire. Pour réveiller la générosité des bonnes
« âmes, et les déterminer à jeter dévotement beaucoup de mon-
« naie dans les chapelles où sont représentés les mystères de la
« Passion, on y cloua par terre plusieurs pièces de monnaie;
« mais l'humidité qui n'avait pas laissé la même empreinte sur
« le fer des clous que sur le cuivre des gros sous, fit découvrir la
« sainte ruse. »

Sans prétendre nier la *sainte ruse*, nous avons de bonnes raisons pour l'expliquer d'une tout autre manière. Les pauvres et quelques enfants de Suresnes ou de Puteaux (peut-être des deux villages), alléchés par la vue des offrandes abondantes que les pieux visiteurs jetaient dans les chapelles, conçurent l'idée de s'en emparer. Mais une épaisse grille de fer s'élevait entre eux et la *monnaie*; l'adresse triompha de cet obstacle. Au moyen d'une longue gaule fendue à l'une de ses extrémités, ils parvinrent à se rendre maîtres des gros sous qui excitaient leur convoitise, et se mirent à dévaliser si régulièrement les chapelles, que force fut à la Communauté de songer à se préserver de cette calamité. Les offrandes furent alors enlevées chaque soir par les prêtres; mais comme il était indispensable que quelque chose indiquât aux visiteurs du lendemain, le lieu de dépôt des aumônes, on cloua quelques gros sous sur le sol des chapelles. Aujourd'hui, Puteaux et Suresnes, — villages qui se haïssent depuis leur fondation, — se renvoient réciproquement l'imputation de ces larcins.

Trois escaliers superposés, attachés au flanc de la montagne, du côté de Suresnes, conduisaient à une autre chapelle, où une petite statue de la Vierge se trouvait encore. L'aspect de ces escaliers, larges et défendus par un double balustre en pierre, était triste et pittoresque à la fois.

Le cimetière de la communauté, que les rampes coupaient en deux parties, était protégé par une simple petite porte à claire-voie, fermée au loquet.

La vie, qui s'était éloignée du reste de la nature, semblait s'être réfugiée dans ce modeste champ du repos. Les rossignols préludaient à leurs concerts sous les acacias en fleurs ; les abeilles attardées, une foule de scarabées aux ailes d'or, d'émeraude ou d'azur, bourdonnaient sur les grappes blondes et fleuries des grands lierres qui tapissaient les murs. Quelques couleuvres ramageaient déjà dans les fissures des pierres, tandis qu'une quantité prodigieuse de petits lézards gris et verts couraient parmi les mousses, les capillaires et les ronces qui croissaient sur les tombeaux.

A cette heure, au milieu de cette poésie qui débordait de toutes parts, sous ces arbres si fleuris, dans cette atmosphère si pleine de tranquillité et de doux parfums, devant ces croix noires et ces tombes que les herbes embrassaient avec amour, la pensée d'Hubert Charpentier se révélait tout entière.

Paris était là sous mes pieds. Le Calvaire s'élevait entre le ciel et la ville comme un médiateur. Là bas le luxe et l'oubli des choses saintes, ici le sacrifice, la prière et la contemplation.

A côté d'un si grand tumulte, je comprenais le charme de cette existence ; à côté de cet immense monceau de pierres où s'agitent plus d'un million d'hommes, j'appréciais les inestimables trésors de cet horizon sans bornes et les richesses de cette splendide nature. Mon esprit s'associait à cette vie monacale, il en suivait toutes les phases, il en comprenait les bienheureux travaux et les ineffables joies. Je voyais le moine dans sa cellule, ouverte du côté de l'Orient, tiré de ses rêves raphaëliques par les premières lueurs de l'aube. Je le

suivais dans ses prières et dans ses méditations.
Je m'asseyais à sa table, simple et frugale, et l'accompagnais dans ses promenades. Ses travaux, les soins de son jardin m'intéressaient comme lui, et, comme lui, je fouillais avec joie dans les rayons poudreux de la bibliothèque pour occuper mon esprit après les fatigues de mon corps. . . . .

. . . .

Un mois après, quand je retournai au Calvaire, l'œuvre de destruction était commencée. Des essaims de barbares s'étaient abattus sur la pauvre montagne et la profanaient à l'envi. La pioche avait fait à ses flancs une large blessure. D'ignobles baraques s'étaient installées dans ses massifs. Les leviers ébranlaient les vieilles colonnes du cloître, et la hache abattait sans pitié les charmilles, les chênes, les marronniers et les acacias. C'était une désolation inouïe. Le plateau du Calvaire ne présentait plus que des troncs mutilés, étendus sur la terre parmi les débris fraîchement renversés de la grande chapelle. Les *stations* avaient été démolies. Les deux chapelles de la petite terrasse seules subsistaient encore ; le couvent était transformé en caserne ; plusieurs compagnies du génie y avaient pris leurs cantonnements......

Ce n'était pas encore le fort du Mont-Valérien, mais ce n'était plus le Calvaire.

Dans ses *Études de la Nature*, Bernardin de Saint-Pierre nous a laissé le récit d'une promenade qu'il fit au Calvaire avec J.-J. Rousseau :

« Quand nous fûmes parvenus au sommet de la montagne, dit-il, nous formâmes le projet de demander à dîner aux ermites pour notre argent. Nous arrivâmes chez eux un peu avant qu'ils se missent à table, et pendant qu'ils étaient à l'église, Jean-Jacques me proposa d'y entrer et d'y faire une prière. Les ermites récitaient alors les litanies de la Providence, qui sont très-belles. Après que nous eûmes prié Dieu dans une petite chapelle, et que les ermites se furent acheminés à leur réfectoire, Jean-Jacques Rousseau me dit avec attendrissement : « Maintenant j'éprouve ce qui est dit dans l'Évangile : *Quand plusieurs d'entre vous seront rassemblés en mon nom, je me trouverai au milieu d'eux.* »

Les deux communautés d'ermites et de prêtres du Calvaire furent supprimées en 1791, par un décret de l'Assemblée constituante. La Restauration fit relever les trois croix, reconstruire l'église et autorisa les Prêtres de la Foi à s'y établir. Les pèlerinages se continuèrent jusqu'en 1830. Des indulgences plénières étaient attachées à ces exercices de dévotion, qui avaient lieu surtout pendant la Semaine-Sainte. Un évêque y officiait alors pontificalement. Ces solennités religieuses attiraient au Mont-Valérien une foule immense (1). On y arrivait de Paris par le Bois de Boulogne et Longchamp. Malheureusement, au retour, les âmes vraiment pieuses étaient souvent troublées par des scènes de désordre dont le Bois, si épais que fût son feuillage, ne cachait pas toujours le scandale.

(1) « Nous y avons vu encore il y a trois ans, » écrivait en 1827 un auteur, « de jeunes pèlerins et pèlerines y porter des croix très-pesantes. »

Il ne faut pas oublier que Suresnes est au pied du Mont-Valérien. Beaucoup de faux pèlerins s'arrêtaient sans doute à cette *station* pour adorer le Dieu du coteau.

VI

LE BOIS AUJOURD'HUI

VI

Le Bois et Napoléon Ier. — Les deux Invasions. — Louis XVIII reprend l'œuvre de Napoléon. — Les Émigrés au Bois. — Formation de la société actuelle. — Napoléon III et le Bois. — M. Varé, architecte paysagiste. — Sa manière de procéder. — Le Petit-Poucet et le cèdre du Liban. — Examen des embellissements du Bois. — L'Empereur les visite souvent. — L'Avenue de l'Impératrice. — La Rivière et les Iles. — Les Cascades. — Les perspectives. — Le Lac. — Les Barques. — Délicieux tableaux. — Ce que l'on voit de l'ancien rond Mortemart. — La nature et l'art. — Un pot de fleurs pesant cent mille livres. — Routes anciennes. — Routes nouvelles. — Origine de Sainte-James. — Splendeur et décadence d'un financier. — Légende de la Croix Catelan. — Panoramas. — Les Fortifications sont escamotées. — Un nouveau parc de Rambouillet. — Le Chemin de fer d'Auteuil. — La Mare d'Auteuil. — Surprises du printemps. — Travaux de M. Hittorff, de l'Institut.

J'ai payé ma dette au passé. J'ai fait l'historique rapide des magnifiques châteaux qui s'élevaient encore aux portes du Bois avant la première révolution, et des villages qui, d'abord simples hameaux, sont devenus des communes considérables. Madrid, Longchamp, la Muette et Bagatelle, Passy, Auteuil et Boulogne ont rempli les chapitres qui précèdent. Avant d'envisager notre Bois

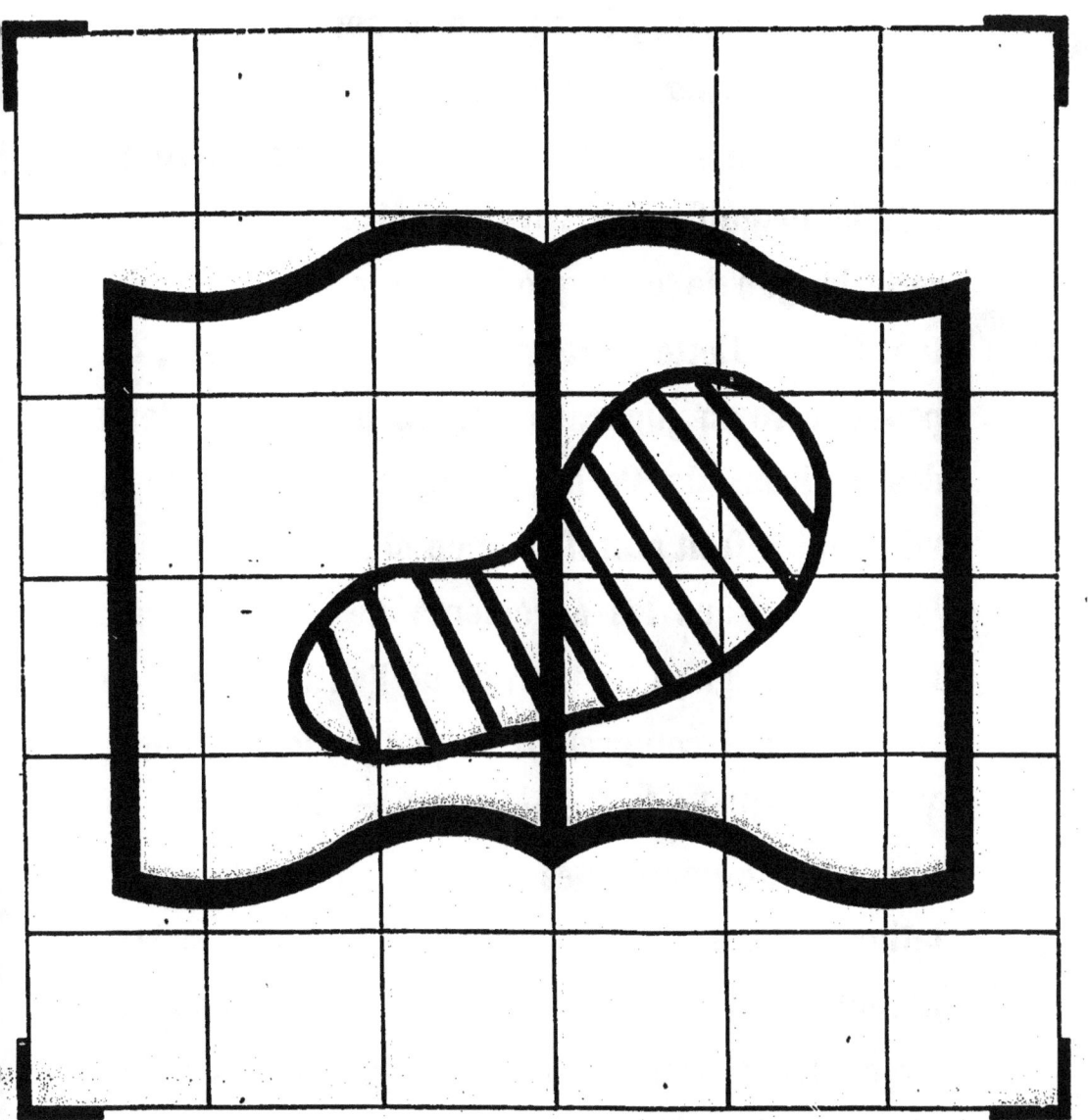

de Boulogne à nous, sous le rapport moral, il me reste à dire ce qu'il est aujourd'hui, ou plutôt ce qu'il sera demain, lorsque les grands travaux qui s'y exécutent seront achevés.

Et d'abord, ne nous étonnons pas des splendeurs que la magnificence royale avait répandues sur cette langue de terre que baigne la Seine en quittant Passy. Cette petite presqu'île devait être, on peut encore en juger, le lieu le plus enchanteur des environs de Paris. Quoique tout près de la ville, elle offrait autrefois, bien plus encore qu'aujourd'hui, tous les agréments de la campagne. La Seine baignait les marges de l'antique forêt de Rouvrai, qui comprenait la plaine des Sablons, Villiers, Clichy-la-Garenne, Saint-Ouen et la plaine Saint-Denis. Des collines, riches de végétation, l'encadraient presque de toutes parts. C'était un parc immense, on lui donna de superbes châteaux. Puis, çà et là, se groupèrent quelques misérables chaumières dont le nombre s'augmenta aux dépens de la forêt. Auteuil, Passy, Boulogne, si humbles d'abord, frappèrent à coups redoublés sur ces grands arbres que les siècles avaient respectés, et ces trois villages, commençant l'œuvre de destruction que la révolution et l'étranger devaient achever, s'isolèrent de la forêt, dès lors réduite aux proportions d'un bois.

Napoléon 1ᵉʳ, à son avénement au trône, trouva le Bois de Boulogne dans le plus triste état. « Les arbres, dit un écrivain, en étaient pour la plupart décrépits ; si l'on y rencontrait quelque verdure, c'était dans de jeunes taillis et sur les parties les moins arides ; les vagabonds et les gens de mauvaise vie en avaient fait leur refuge, en sorte qu'on n'osait se hasarder que dans les routes et les allées les plus fréquentées. »

C'est à Napoléon que nous devons l'idée de ces belles plantations de pins, de cèdres, de sapins, de genevriers et de cyprès, dont la verdure contraste en hiver avec les branches dépouillées des autres arbres. On répara les murs de clôture, et la surveillance du Bois fut confiée à des gardes forestiers dont la présence chassa les vagabonds et les gens de mauvaise vie.

Ces soins, ces embellissements et la sécurité ramenèrent au Bois la société parisienne qui l'avait abandonné depuis bien longtemps. Le grand sabre et l'épaulette à gros grains y brillèrent de tout leur éclat, à côté de la robe décolletée et haute de taille, jusqu'en 1814, époque funeste à tout le sol français, mais surtout au Bois de Boulogne, qui se vit de nouveau délaissé, et dont la ruine fut consommée par la seconde invasion. Les arbres les plus vieux, aussi bien que les nouvelles plantations, furent abattus par la hache des alliés. En quelques jours, il ne resta plus qu'une lande couverte de bruyères et de troncs mutilés.

Mais les plans de l'Empereur n'avaient pas été perdus. Louis XVIII les retrouva, et il eut le bon esprit de les faire exécuter sans y rien changer. On reboisa les parties les plus endommagées, on traça de nouvelles allées, on fit de nombreuses plantations d'érables, de platanes, de sycomores, de hêtres, de mélèzes et de sorbiers. Le Bois, en voyant comment était composée la société qui lui revenait, aurait pu se croire moins vieux de trente ans, si le ridicule se fût moins souvent mêlé à la véritable distinction. Figurez-vous une société composée de tous les débris que la tourmente avait épargnés et que l'étranger avait accueillis ; donnez à ces figures les nuances de l'ancienne cour, en supprimant, chez le plus grand nombre, ce qu'elles avaient de vraiment noble et gracieux ; jetez sur ces copies des habits d'un autre siècle, gauchement portés, vous n'aurez qu'une idée bien imparfaite de la société qui fréquentait alors le Bois de Boulogne. Louis XVIII la jugea d'un seul coup d'œil et ne se laissa pas prendre à ces flatteries maladroites et hors de saison. Aussi que de désillusions dont on ne se consola qu'avec le temps !

Qu'on n'en doute pas cependant, cette foule comptait des hommes distingués, des femmes spirituelles et aimables ; mais le nombre n'en paraissait pas grand, car il fallait une haute raison et presque du courage pour échapper à la fièvre d'imitation rétrospective qui semblait entraîner tous les esprits.

Enfin, le temps et le bon sens firent disparaître

ces vestiges, désormais inutiles, d'une autre époque. Le pacte fut signé entre le passé et le présent; les vieux parchemins du noble faubourg consentirent à se mêler avec les billets de banque de la Chaussée-d'Antin ; la rue Laffitte tendit les bras à la rue de Lille, qui s'y jeta d'assez bonne grâce; et, de cette union, si longtemps jugée impossible, est sortie notre société d'aujourd'hui.

Je tâcherai, dans les chapitres qui vont suivre, d'esquisser cette société si féconde en sujets intéressants. En attendant, je dois parler des travaux gigantesques qui s'accomplissent en ce moment dans le Bois et qui vont en changer toute la physionomie (1).

Et d'abord, disons que l'initiative de ces travaux est due à l'Empereur Napoléon III lui-même.

(1) Le Bois de Boulogne a été cédé par l'État à la Ville de Paris au mois de juin 1852. Cette concession a été faite à la charge par la Ville de Paris : 1° de subvenir à toutes les dépenses de surveillance et d'entretien du Bois; 2° de faire, dans un délai de 4 ans, des travaux jusqu'à concurrence de deux millions pour l'embellissement du parc de Boulogne et de ses abords; 3° de soumettre à l'approbation du Gouvernement les projets de travaux à exécuter ; 4° de conserver leur destination actuelle aux terrains concédés.

A son tour, Napoléon III, reprenant l'œuvre au point où l'avait laissée le génie de son oncle, a voulu la continuer et l'achever.

Il est facile, dès aujourd'hui, de se rendre compte de ce que sera cette magnifique promenade lorsque les douze cents ouvriers qui y travaillent auront donné leur dernier coup de pioche, et que le gazon aura effacé partout les traces laissées par la main de l'homme. Le Bois n'aura rien à envier aux parcs les plus grandioses de Londres et des environs, qu'il rappellera par ses eaux, sa fraîcheur, ses cascades, ses accidents de terrain, ses belles courbes et l'imprévu de ses perspectives.

S. M., qui connaît parfaitement l'Angleterre, a dû s'inspirer de ses souvenirs lorsqu'elle a conçu l'idée des embellissements du Bois de Boulogne, et qu'elle a tracé de sa propre main le projet sommaire des travaux. Ce plan, colorié et portant une légende explicative, n'a reçu que de légères modifications, nécessitées par les différences de niveau et les autres exigences du lieu.

Pleine liberté, du reste, était laissée à l'architecte paysagiste chargé de l'exécution. Sur le plan dessiné par l'Empereur, se trouvaient des rivières, un lac, des îles vertes, de belles routes nouvelles. Tant mieux si tout cela pouvait être conservé; tant pis si l'expérience du praticien disait : Il faut faire autrement. Aucune règle absolue ne lui était imposée : il savait seulement qu'il devait amener l'eau de la Seine au Bois de Boulogne, y creuser le lit d'une rivière, ouvrir de nouvelles avenues aux voitures, aux cavaliers et aux piétons.

Or, qu'est-il résulté des souhaits exprimés par S. M. et de cette liberté laissée à l'artiste? Ce qui résulte toujours d'une grande idée quand son exécution est confiée à l'expérience : une œuvre complétement réussie, parfaite en tous points.

Il est temps que je nomme l'homme modeste qui a eu l'honneur de cette collaboration. Je dis modeste, car ce n'est ni un homme de salon, ni un courtisan, ni un coureur de réclames. M. Varé est mieux que tout cela, c'est un véritable artiste, c'est un poète. Il n'écrit pas des volumes, il ne rime pas ses poèmes en beaux alexandrins sur le papier, il procède plus largement et d'une manière plus saisissante : Il vous prend un petit coin de terre, un bois par exemple, bien pauvre d'arbres, bien uni de sol, sans vues, sans un filet d'eau, terni par la poussière, brûlé par le soleil; et, d'un coup de baguette, le magicien vous le transforme si bien que vous ne le reconnaissez plus ! Le bois est frais, une large rivière y coule, un grand lac y reflète de superbes massifs; des îles, ou plutôt d'immenses corbeilles de fleurs, sortent des ondes; les lointains brumeux se perdent au bout des longues perspectives; l'œil embrasse toutes les richesses des environs, châteaux royaux, riches collines, anciens aqueducs, vieilles ruines; les routes se courbent, serpentent comme de longs rubans; partout des herbes, des rochers sauvages, des fleurs, du mystère.... L'œuvre est achevée, M. Varé y a mis la main, il l'a signée de son nom, le poème est fait !

« M. Varé, dit la *Revue des Beaux-Arts*, est petit-fils et élève de M. Best-Marcelin, qui a créé pour le prince Louis le parc de Saint-Leu, et pour le prince Joseph celui de Morfontaine. Architecte paysagiste, M. Varé connaît parfaitement la nature des différents arbres, l'aspect qu'ils peuvent produire et les lois de leur culture; le vert sombre des sapins contrastera agréablement avec le feuillage des autres arbres; l'œil sera satisfait d'une plus grande variété de formes et de couleurs; l'art, on peut le dire, entre ses mains, triomphera de la nature. »

Je dois ajouter que M. Varé, en sa qualité de grand artiste, a l'horreur de la ligne droite. Ce qui le frappe, ce qu'il s'attache à copier, c'est l'imprévu, c'est le pittoresque naturels. Il est de l'école réaliste, qui prend Dieu pour maître; seulement il a au plus haut point le sentiment du beau, et il sait qu'il y a un choix à faire même dans les œuvres de la nature. M. Varé, s'il eût été peintre *peignant*, se fût bien gardé de tomber dans certaines monstruosités, sous prétexte de réalisme.

Il faut l'entendre raconter sa première visite au Bois, lorsqu'il voulut se rendre compte du terrain, des perspectives, de la variété des arbres, de la disposition des massifs ! Il se dirigea vers le point culminant, le rond Mortemart, puis, en procédant à la manière du Petit-Poucet, c'est-à-dire en montant sur les branches de l'arbre le plus élevé, le cèdre qui se trouvait au centre du rond-point, il put embrasser facilement le théâtre de ses prochains exploits. Quand il descendit du cèdre, tout son projet était dans sa tête, sauf les parties qu'il fallait laisser au hasard, dans l'intérêt même de l'effet à produire. Ces parties, c'étaient surtout les contours des rivières et des îles. Suivre rigoureusement la ligne d'un plan, c'était s'exposer à être monotone, c'était de plus s'obliger à porter la hâche sur les beaux arbres que ces lignes rencontreraient. Or, le paysagiste voulait arracher le moins possible, utiliser le plus possible les parties déjà découvertes ou plantées de bois malades, conserver tous les beaux arbres, respecter tous les massifs d'arbustes verts, les utiliser dans les perspectives, sur les îles, le long des rives, sur les vastes pelouses. Le projet ainsi arrêté, il ne s'agissait plus, on le voit, que de prendre conseil du Bois lui-même avant de détruire. La cognée allait devenir intelligente ; tout ce qui avait quelque droit à être conservé resterait sur pied. Les jalons des rivières et des îles furent donc plantés, leurs lignes suivirent les plus capricieux contours ; on procéda avec le même respect des belles choses dans l'ouverture des vastes percées dont les extrémités devaient toucher à quelque point pittoresque de l'horizon : Boulogne et le château de Saint-Cloud, le Mont-Valérien et Suresnes, Neuilly, l'Arc de l'Étoile, que sais-je? moi. Et il arriva qu'un beau jour l'Empereur, visitant ces travaux préparatoires, et sachant quelles précautions avaient été prises, approuva tout sans réserve et laissa carte blanche à M. Varé. Alors les chênes rachitiques tombèrent, les taillis étouffés disparurent ; on creusa le lit des rivières ; les îles, déjà toutes plantées, surgirent ; une montagne s'éleva au rond Mortemart ; la vue s'étendit au loin dans toutes les directions sans rien ôter au mystère du Bois ; de belles routes ondulèrent sous les massifs. Ces grands travaux, sûrement et économiquement conduits, occupèrent douze cents ouvriers et trois cents chevaux. Un chemin de fer fut établi pour faciliter le transport des terres du lieu d'extraction au rond-point de Mortemart et dans les allées qui devaient être fermées. On mit de coté, pour les embellissements projetés, les roches trouvées dans les fouilles, ainsi que les pierres propres à la construction; la terre végétale forma des cavaliers dans les endroits mêmes où des gazons devaient être semés; le sable et les cailloux servirent à macadamiser les routes principales. Aucun coup de pioche ne fut donné inutilement, pas un charroi ne fut incertain. La précision mathématique s'unissait à la fantaisie de la nature et de l'art.

Voilà où en sont aujourd'hui les embellissements du Bois. L'Empereur les visite souvent; il en suit les progrès avec le plus vif intérêt, comme on suit l'accomplissement d'une belle œuvre que l'on a conçue.

La foule, de son coté, abandonne ses allées

favorites pour se rendre au rond de Mortemart et aux environs des rivières. Elle se réjouit de cette transformation. Une visite aux travaux du Bois est aujourd'hui sur le programme des distractions quotidiennes de tout homme qui a cheval ou voiture.

Sans trop laisser à l'imagination, il est permis de donner une idée de ce que sera le bois de Boulogne lorsque ces embellissements seront terminés. Introduisons l'eau dans les rivières (1), faisons pousser le gazon partout où il doit être semé,

(1) Un lac et une rivière, comprenant en totalité douze hectares environ, sont creusés entre le rond Mortemart et le rond-point Royal. Le lac, d'une longueur de quatre cent cinquante mètres sur soixante-cinq mètres, et dont la profondeur varie de soixante centimètres à un mètre quarante centimètres, recevra son eau en abondance, au moyen de la pompe à feu de Chaillot. Sous une large chaussée, établie entre ces deux pièces, sont placées des conduites, par lesquelles l'eau se rend à une masse de rochers formant digue, et qui, tout en l'arrêtant dans sa précipitation à s'épancher, la laisse s'échapper enfin pour former ensuite la nappe limpide de la rivière. Cette rivière a douze cent trente mètres de long sur deux cents mètres dans sa plus grande largeur.

(*Revue des Beaux-Arts.*)

La conduite d'eau est en fonte, de quarante centimètres de diamètre. Elle descend la plaine de Passy à un mètre sous terre et entre dans le Bois par la grille du jardin de la Muette.

achevons enfin, par la pensée, l'œuvre qui n'est qu'ébauchée.

Une nouvelle et magnifique avenue part de l'arc de triomphe de l'Étoile et se dirige sur le Bois, où elle entre par l'ancienne porte Dauphine : c'est l'avenue de l'Impératrice. Cette entrée est considérablement élargie; elle comprend tout l'espace qui se trouve entre les deux bastions. Arrivée au Bois, l'avenue se resserre, décrit une courbe gracieuse, s'infléchit vers la gauche, et conduit à la rivière et aux îles. Elle forme, avec d'autres allées, assez larges pour le passage des voitures et des cavaliers attirés par la beauté du lieu, une ceinture qui circule tout autour de la rivière et du lac (1). Plus près de la rive, serpentent sur les pelouses des sentiers ombragés réservés aux piétons. Les deux îles sont reliées entre elles par un pont pittoresque jeté sur des masses de rochers. De ce point, la vue embrasse le Mont-

---

(1) Cette route, d'une longueur de près de huit kilomètres, est large de dix mètres; elle sera bordée d'un trottoir de trois mètres. Quinze autres routes transversales y aboutiront sur divers points.

Valérien et les coteaux environnants. L'eau baigne les pelouses, coupées de distance en distance par des rochers pittoresques, des massifs d'arbres verts, des saules inclinés, aux branches flexibles comme des chevelures, des touffes de rhododendron et d'autres arbustes que la fraîcheur du sol entretient toujours verts. Cette fraîcheur pénètre tous les arbres, toutes les plantes, les ravive, les transforme. La végétation est magnifique. Aucun pont n'est jeté de la rive aux îles; mais des barques coquettes sillonnent la rivière et transportent les promeneurs.

Entrons dans une de ces barques; nous voici dans une île. C'est un bocage touffu, plein d'oiseaux et de fleurs; un sentier en suit les bords; l'onde frissonne, se joue parmi les nénuphars et les roseaux; des phalanges de cygnes et d'autres oiseaux aquatiques passent çà et là. Nous quittons la première île; nous nous arrêtons quelques instants sur le pont pour jouir de la beauté du point de vue. Notre barque nous a suivis; nous la rejoignons après avoir visité la seconde île, véritable nid de verdure, où les poètes viennent chercher l'inspiration et le mystère. La barque part et se dirige vers la source de la rivière en se rapprochant du bord opposé. D'autres barques sont prêtes à partir ; elles s'emplissent de promeneurs, d'enfants joyeux et de belles dames dont les voitures sont là-haut, à quelques pas sur la route. De doux visages paraissent aux portières et contemplent le paysage ; les cavaliers passent derrière les taillis, et les piétons, plus libres ou plus curieux, viennent sur la pelouse et jusqu'au bord de l'eau. Notre barque avance lentement ; les saules semblent se pencher pour nous voir. Voici des fleurs à en parer toutes les déesses du Bois ; des rochers à rendre jalouse la forêt de Fontainebleau ; des plantes grimpantes et *dégringolantes* à ravir l'âme de Granville ; des sapins et des cyprès à user tous les crayons de Calame ; des perspectives, des incidents, des riens à transporter Français, Corot, Anastasi, tous ces paysagistes de notre École moderne qui sont les amants chéris de la nature. C'est, vous le voyez, le plus heureux mélange de sévère et de gracieux. Isabey lui-même, qui chiffonne les bords de ses marines comme des robes de soie, et leur donne les reflets les plus imprévus, trouverait, peut-être, dans ce groupe de belles femmes et d'enfants, dans cette barque qui frappe l'eau de ses avirons, un sujet digne de son pinceau.

Nous approchons de l'extrémité méridionale de la rivière. Ici la scène s'agrandit, son caractère est imposant. A droite, s'élèvent des rochers sauvages d'où l'onde s'échappe, mugit, bondit en cascades poudreuses, retombe sur d'autres rochers et ne calme ses turbulences qu'au loin : c'est la source. Il faut mettre pied à terre et la visiter; il faut s'avancer sur ce petit promontoire, frémissant comme un lion blessé, ruisselant de toutes parts, hérissé de sombres arbustes, et aux flancs duquel s'agitent de longues et minces lianes incessamment fouettées par les flots. Sommes-nous aux Pyrénées, et cette source est-elle celle de quelque Gave furieux? Non, nous sommes au Bois de Boulogne, ces flots arrivent de Chaillot paisiblement amenés par un tube souterrain. Voilà ce que l'art peut faire !

C'est encore l'art qui a fait ce beau lac limpide et calme, séparé de la rivière par la largeur de la route, et qui s'étend jusqu'à l'ancien rond Mortemart. Ici encore tout est verdure, fraîcheur, enchantement. C'est le pendant du tableau que je viens d'esquisser, moins les îles. Le lac est uni comme une glace, la vue s'étend d'une rive à l'autre, et partout elle se repose sur un épais rideau d'arbres pittoresques ou plonge dans des perspectives charmantes.

Le rond Mortemart a disparu, il est transformé en montagne. On reconnaît, cependant, son ancien emplacement au vieux cèdre qui couronne le sommet du mont. Ce cèdre était à quelques trente ou quarante pieds plus bas. A l'aide de machines puissantes, après avoir détaché du sol, par une profonde tranchée, toute la terre enveloppant ses racines, après avoir glissé de forts madriers sous sa base et l'avoir entourée de planches maintenues par des cercles de fer, on l'a élevé dans les airs comme un pot de fleurs gigantesque. Puis, quand l'énorme trou a été comblé, l'arbre et sa terre, cent mille livres pesant environ, se sont trouvés en place comme par enchantement. Voyez, l'arbre se porte à merveille, il a déjà poussé de nouveaux rameaux : c'est qu'il reposait autrefois sur le roc, et que maintenant il trouve une nourriture abondante dans les sucs de la terre végétale dont on l'a entouré.

De cette petite colline, la vue s'étend sur tout le Bois. Rappelez-vous que c'est de ce point que la pensée du paysagiste a pris son essor. Boulogne, le château de Saint-Cloud, la lanterne de Diogène, les charmants coteaux qui bordent la Seine, les bourgs, les campagnes se dessinent dans le lointain, au bout des routes nouvelles ou derrière des éclaircies habilement ménagées.

Si vous vous tournez du côté du nord, vous avez le lac à vos pieds, la rivière est au delà du lac avec ses deux îles, et dans les profondeurs de l'horizon se montrent quelque clocher, quelque gracieuse villa. Au loin, un peu à droite, se détachent, nettes et blanches, sur le ciel bleu les grandes lignes de l'Arc de Triomphe de l'Étoile. Plus près de vous sont la Muette et le Ranelagh. Du côté opposé, à gauche, vous découvrez les hauteurs de Puteaux, de Suresnes, et l'imposante masse du Mont-Valérien, que couronne le fort. Vous avez devant vous la plus grande partie du Bois; elle est coupée de routes nombreuses, nouvelles ou anciennes qui ont été conservées. Les trois voies les plus importantes parmi les anciennes sont : l'allée des Fortifications, qui suit la ligne des bastions et conduit de la porte Maillot à l'extrémité méridionale du Bois, après Auteuil; l'allée de Longchamp, qui part de la porte Maillot et conduit à la porte de Longchamp; l'allée de la Reine Marguerite, qui va de Neuilly à Boulogne. Ces allées sont des lignes droites, elles ont été conservées à cause de leur grande utilité. Une autre route, beaucoup moins large et très-sinueuse, quoique ancienne, parcourt le Bois du nord au sud, en le coupant en deux parties à peu près égales : c'est la route de Saint-Denis; elle commence dans le voisinage de la porte Maillot, passe au rond Saint-Denis, coupe trois routes nouvelles dont les belles courbes conduisent à Ste-James (1), Madrid et au parc de Bagatelle, traverse le rond des Mélèzes et se prolonge, enfin, derrière vous jusqu'à la porte de Boulogne. A première vue, on comprend que cette route, ou plutôt ce sentier pittoresque, qui relie deux points importants, s'est formé pour ainsi dire tout seul, sous les pieds des passants, comme se forment dans nos campagnes les chemins étroits qui vont d'un village à un autre, serpentent sur les coteaux, plongent dans les ravins et coupent à travers bois et champs pour abréger les distances. C'est donc un enfant du hasard et de l'usage, c'était assez pour qu'il fût conservé.

(1) Sainte-James, groupe de maisons neuves et charmantes, doit son nom au fameux trésorier de la marine Bandard de Sainte-James, qui avait fait bâtir sur les terrains occupés aujourd'hui par le hameau, une délicieuse habitation, entourée de jardins magnifiques. Un seul rocher coûta, dit-on, quinze cent mille francs à établir, et il ne fallut pas moins de 40 chevaux pour amener un fragment de cette décoration ruineuse. Le prodigue financier fit une faillite de 25 millions, fut enfermé à la Bastille et mourut dans le plus profond dénûment.

L'avenue de l'Impératrice arrive jusque dans le voisinage de l'ancien rond Royal, qui forme l'extrémité septentrionale de la rivière. Elle remonte la rive droite dans toute son étendue, passe sur la digue entre les deux nappes d'eau, prend le nom de Route de l'Empereur, et continue son parcours jusqu'à la porte de Boulogne. Deux autres nouvelles avenues, l'une partant aussi de l'ancien rond Royal, et se dirigeant par la Croix Catelan (1), et

---

(1) Voici, selon M. Quillet, la version la plus vraisemblable sur cette croix ou pyramide, qui ne présente plus aujourd'hui qu'une colonne brisée et presque informe :

C'était, dit-il, au temps de Philippe-le-Bel, roi de France. Arnaud Catelan, l'un des plus renommés parmi les poètes ambulants de cette époque, s'était fixé à la cour de Béatrix de Savoye, épouse du dernier Raymond Béranger, comte de Provence. Philippe, épris des talents du poète, désira l'attirer à sa cour. Il écrivit à Béatrix pour obtenir son agrément. Catelan, flatté des suffrages d'un si grand roi, se mit en route du consentement de la princesse. Il arriva à Paris, le roi était alors à son manoir de Passy ; informé de l'arrivée du troubadour, il le fit inviter à venir le trouver ; mais craignant que le poète ne fût inquiété dans la forêt de Rouvrai, alors infestée de malfaiteurs et de vagabonds, Philippe envoya au devant de lui une escorte prise dans sa garde, et qui devait l'accompagner jusqu'au manoir de Passy. Arrivé à la porte de Cail, Catelan, suivi d'un seul domestique portant le bagage et une petite manne d'osier, y trouve l'escorte et se met en marche avec elle. Le commandant, instruit par l'imprudence de Catelan, que

la Mare-aux-Biches, l'autre s'embranchant sur la route de l'Empereur, à peu de distance du lac, aboutissent à la porte de Longchamp, après avoir traversé la partie la plus romantique du Bois.

la petite manne contenait des présents pour le roi, médite aussitôt de s'en emparer; il se concerte avec ses gens, et au lieu de diriger Catelan sur les bords de la Seine, il l'entraîne dans l'épaisseur de la forêt, vers l'endroit où se trouve maintenant la pyramide. Le domestique est assassiné, tandis que le commandant lui-même enfonce son épée dans le flanc de Catelan. Mais quel ne fut pas le désappointement des traîtres, lorsqu'au lieu des richesses qu'ils s'attendaient à trouver dans la manne, ils n'y virent que des liqueurs et des parfums. Ils osèrent cependant reparaître devant le roi, et lui déclarèrent que le sire de Catelan ne s'était point trouvé au lieu du rendez-vous. Le roi fit faire une battue dans la forêt, et le corps de Catelan fut trouvé. Philippe fut profondément affligé. Il ordonna que des honneurs funèbres fussent rendus aux mânes de Catelan, et que, sur le théâtre du crime, on élevât un monument destiné à faire connaître aux passants l'horrible forfait commis en ce lieu. C'est ce monument qu'on appelle la Pyramide ou Croix de Catelan.

A quelque temps de là le capitaine, qui avait eu le commandement de l'escorte, eut l'imprudence de se montrer devant le roi, parfumé d'une essence qu'on ne fabriquait qu'en Provence. La remarque en fut faite. Les soldats eux-mêmes, rassurés par le temps, se livrèrent à une orgie où ils s'enivrèrent avec les liqueurs qu'ils avaient enlevées à Catelan. Le grand-prévôt ne douta plus qu'il avait découvert les coupables, il les fit arrêter, et il ordonna des perquisitions qui firent retrouver dans la chambre du capitaine la manne marquée encore aux armes de Provence. Le roi, furieux, condamna les coupables à être brûlés vifs et à petit feu.

Si, maintenant, vous vous tournez vers le sud, vous apercevez, un peu à droite, au delà des dernières branches, le clocher de Boulogne, et plus loin, sur la hauteur, le château et le parc de Saint-Cloud : c'est encore un délicieux panorama. Auteuil est à votre gauche. Une belle route, contournant le pied de la colline et passant près de la Mare d'Auteuil (1), conduit à la grille de ce charmant village. Devant vous s'étend verticalement le seul tronçon qui ait été conservé de l'ancienne allée des Princes ; il forme, avec la vieille allée de Boulogne à Auteuil, aujourd'hui bien rajeunie, bordée de trottoirs et éclairée au gaz, un

(1) Tous les habitués du Bois de Boulogne connaissent cette petite pièce d'eau, où se mirent quelques saules. D'assez nombreux promeneurs viennent se reposer sur les bancs qui l'avoisinent, après avoir fait l'ascension de son petit tertre de verdure. De ce point, la vue est fort agréable.
La partie du Bois où se trouve la Mare d'Auteuil est très-belle. On y remarque quelques arbres admirables, très-hauts, très-gros et dont l'écorce est bigarrée de nombreuses incisions, de lettres enlacées, de cœurs réunis et percés de flèches, etc. Cette végétation robuste sur un terrain un peu moins sec que le reste, nous donne la certitude que la physionomie du Bois tout entière subira une transformation complète, lorsque le sol sera rafraîchi par les eaux des rivières et que fonctionneront les puissants appareils d'arrosement qui ont été disposés.

grand X dont les quatre extrémités sont : la petite montagne de l'ancien rond Mortemart, la porte de Boulogne, la porte des Princes et la porte d'Auteuil. Enfin, une autre route ancienne part de Boulogne et conduit à Longchamp, c'est l'allée des Gravilliers.

Je ne vous ai nommé que les grandes voies du Bois, celles qui conduisent aux principales portes et aux points que les promeneurs, poussés par la curiosité et le plaisir, ou attirés par le charme des souvenirs, aiment à visiter. Il en est beaucoup d'autres, de moindre importance, que vous découvrirez vous-même. Il est aussi des parties nombreuses du Bois, naguère parcourues par les voitures et les cavaliers, et que d'épaisses plantations ont fermées. Si on a abattu quelques taillis çà et là, on a aussi beaucoup planté. Les anciennes routes supprimées sont fermées par de verts massifs, et, à la place même où la roue de votre coupé traçait son sillon, s'élèvent de beaux arbres sur lesquels les oiseaux ont déjà fait leurs nids.

Les glacis de la grande allée des Fortifications,

plantés d'arbres de diverses essences, pittoresquement mélangés, déroulent un long rideau vert devant les bastions que l'on n'aperçoit plus. Vous le voyez, la transformation est complète. Partout l'œil est charmé, partout le sol est frais, ombragé, partout l'art s'est inspiré de la nature pour perfectionner, — on peut le dire, — la nature elle-même. Et je ne vous ai cependant pas dit un seul mot du prolongement de la rivière, qui s'en va, serpentant à travers le Bois, suivant toutes les sinuosités du terrain, se perdre dans la Seine. Sur son parcours, elle forme des rives charmantes, étroites, embaumées, chères aux rêveurs et aux amoureux. Et je ne vous ai rien dit non plus de dix autres, de cent autres travaux exécutés pour établir l'unité pittoresque du Bois, ou plutôt du parc de Boulogne; car vous comprenez bien que ces grandes lignes froides, plantées d'arbres cruellement mutilés, dont la vue vous afflige tant aujourd'hui, formeraient un cadre impossible à ce nouveau jardin d'Armide si digne d'être chanté en beaux vers.

Tout cela sera fait, tranquillisez-vous. Vous ne verrez plus ces arbres que la hachette a déshonorés et qui semblent implorer le ciel avec les rares branches qu'on leur a laissées. Vous aurez mieux que Versailles, mieux que Saint-Cloud; vous aurez le parc de Rambouillet, ses aspects sauvages, ses eaux vives et ses grands effets d'ombre et de lumière. Vous aurez le parc de Rambouillet aux portes de Paris, avec cette différence qu'il faudra plus d'un jour pour le visiter, et que ses eaux seront des lacs, des cascades et des rivières.

Déjà Paris se prépare à fêter le nouveau Bois. Il lui a fait les honneurs d'un chemin de fer, d'un chemin de fer à deux voies, s'il vous plaît! long de 9,500 mètres. Ce chemin ne compte pas moins de 14 ponts, tous en fonte et en fer, d'un modèle solide, uniforme, et d'une élégante simplicité. Outre ses deux gares extrêmes, le chemin est desservi par cinq stations dont la première, en quittant l'embarcadère de la rue St-Lazare, est placée à Batignolles, au pont Cardinet, à l'endroit où le chemin s'éloigne de la voie de Saint-Germain.

Vient ensuite dans le bas de la plaine qui s'étend entre les Fortifications et le mur d'enceinte de Paris, la station de Courcelles, puis la station de l'Etoile, construite sur l'avenue de Neuilly, tout près de la Porte-Maillot, puis enfin sont les stations de la porte Dauphine et de Passy. Cette dernière station est située dans le Bois de Boulogne même, près de la Muette et du Ranelagh. Ce charmant petit rail-way finit à Auteuil, dans la villa Montmorency.

Ces travaux, vous le voyez, ont été poussés assez vite, et vous êtes tout étonné de les trouver achevés. C'est que, pendant les mois d'hiver passés par nous dans les salons et près du feu, des milliers de bras creusaient la terre, élevaient les ponts, plaçaient les rails, bâtissaient les stations. Une égale activité régnait au dedans et au dehors du Bois, et vous préparait, pour le printemps, un lever de rideau dont vous êtes aussi surpris qu'enchanté.

Je ne veux pas clore ce chapitre sans dire que les travaux spéciaux d'architecture, qui seront exécutés dans le Bois, ont été confiés à M. Hittorff, membre de l'Institut. M. Hittorff est chargé de toutes les constructions à faire : embarcadères au bord des rivières, ponts, kiosques ou pavillons sur les hauteurs, au bout des perspectives, revêtement des talus, etc. Jusqu'à ce moment, le Bois de Boulogne n'a pas encore, je crois, fait appel à M. Hittorff ; mais le talent bien connu de cet architecte est un sûr garant de la beauté et de l'élégance des œuvres qu'il exécutera, lorsque le moment sera venu pour lui de prendre le crayon et le compas. Le bijou sera prêt, gravé, ciselé, bruni : M. Hittorff y mettra les brillants.

VII

LE GRAND MONDE.

VII

Singulières contradictions. — Un écrivain démocrate. — Le grand monde et la charité. — Il ne faut pas être jaloux. — Une fugue. — Être ou paraître. — Un drame de famille. — Types. — La Fœdora de Balzac. — Une célébrité du Sport. — Autres types. — Le monde officiel. — La Finance. — La haute Banque. — La Spéculation. — Écrivains et artistes. — Le Bois de Boulogne est le grand salon de Paris. — Étude du cœur humain. — Balzac a soulevé le rideau. — Prédilection de l'Empereur pour le Bois.

Le suprême bon ton, à Paris comme ailleurs, à Paris plus qu'ailleurs, consiste, pour un petit nombre de privilégiés, à faire ce que le vulgaire ne peut pas faire, à se distraire quand il travaille, à veiller quand il dort, à dormir quand il se lève, à se promener quand il reste à l'atelier ou dans sa boutique. Voilà pourquoi le monde élégant ne paraît pas dans les théâtres le dimanche, et pourquoi il ne se montre guère au Bois que six jours sur sept. Les diamants, les belles robes, les cachemires sont très-recherchés par la femme riche, parce qu'ils coûtent fort cher; mais que leur prix tombe assez bas pour que la bourgeoise puisse en jouir à son tour, et vous verrez les femmes du monde affecter dans leur toilette la plus grande simplicité. Les révolutions ne peuvent rien contre ce besoin de se distinguer, qui a sa source dans notre nature même, dans la vanité. Nous avons bien vu, il est vrai, à diverses époques, en 1848, par exemple, quelques membres du Jockey-Club fumer avec affectation sur leur balcon doré, la modeste pipe du prolétaire; nous avons bien vu les armoiries s'effacer sur les voitures, et les livrées disparaître; mais combien de temps cela a-t-il duré? Avec des instincts démocratiques, nous sommes un peuple essentiellement orgueilleux. Nous divisons l'humanité en deux parts : l'une qui comprend tout ce qui n'est pas nous-même, et pour laquelle nous faisons de beaux discours au parlement et de superbes articles dans les journaux; l'autre qui ne se compose que de notre chétif individu, mais pour laquelle nous sommes pleins de tendresse et d'indulgence. Je connais un écrivain démocrate qui a passé sa vie à réhabiliter les sans-culottes et la carmagnole; à le lire, on se le représente libéral comme Dieu et mal vêtu comme Diogène. Quelle erreur étrange! C'est un des élégants du Boulevart: Dussautoy l'habille, Jouvin le gante, et feu Sakoski le chaussait! Il est frisé comme un chérubin, son mouchoir exhale les extraits les plus purs de Chardin, de Guerlain et de Lubin; il monte à cheval, affecte les grands airs, joue le lansquenet, et perd quelquefois dans une soirée assez de louis pour nourrir toute une famille pauvre pendant un an. Que voulez-vous? nous sommes ainsi faits; est-ce un bien, est-ce un mal? Qui osera répondre et prétendre qu'il répond avec certitude? Si ce besoin incessant de se distinguer est un travers, il faut bien convenir qu'il a son bon côté, puisque nous lui devons le luxe, qui donne du travail à tant de bras, les arts, qui portent si haut la renommée d'un peuple. Et puis, cette vanité n'est pas toujours l'indice d'un mauvais cœur. La charité se montre souvent en robe de soie et de dentelle ; la pitié a plus d'une fois chanté pour les pauvres avec le front ceint de brillants ; que de mains fines et bien gantées font l'aumône au coin de nos rues! que de pauvres diables, effleurés par un coupé blasonné, ont dû à cet accident une haute protection et le repos de leur vie! Prenons donc la société parisienne pour ce qu'elle est : brillante et légère, mais bonne ; jalouse de ses titres, fière de sa fortune, mais charitable et pleine d'humanité.

Tenez, nous sommes au Bois, il est quatre heures et c'est vendredi. Voici un riche équipage qui se distingue par son élégance parmi tous les autres. Une femme de grand nom, jeune et belle à ravir tous les cœurs, est assise dans le fond du coupé. Devant elle est une petite fille qui joue avec une levrette blanche, mince et frileuse, aux formes les plus aristocratiques. Deux valets en grande livrée sont debout derrière la voiture ; sur le siége est un cocher gras comme un chanoine, galonné, poudré et frisé ; les chevaux sont deux merveilles qui supporteraient l'examen de tous les turfistes réunis. Les panneaux de la voiture portent un large écu surmonté d'une couronne ducale. Il n'est pas possible de voir un ensemble plus riche, plus élégant, plus imposant et de meilleur goût. Que vient-il donc d'arriver ? pourquoi la voiture s'est-elle arrêtée ? Que veut ce petit enfant en haillons, qui arrive tout haletant et se place entre les deux roues ? il a jeté dans le coupé un bouquet de violettes et il en demande le prix. Sa figure est intéressante, son front est couvert de sueur, ses grands yeux bleus sont pleins de larmes. Il attendait un sou, on lui donne un louis ; on lui donne aussi une carte pour sa maman, qui devra venir demain à l'hôtel de la duchesse. Devinez-vous ce qui se passera demain ? Vous vous dites qu'un autre louis sera donné et que la grande dame ne pensera plus à ses protégés. Eh bien! non; ce n'est pas assez ! Quand on a fait un pas dans le chemin de la charité, on en fait deux, on en fait dix, on en fait cent. La charité est si bonne au cœur !

la joie qu'elle cause est si pure ! Demain, la belle dame recevra la mère du pauvre petit, la questionnera, s'informera de son domicile et promettra d'aller la voir; et après demain, entre une heure et deux, une voiture de remise s'arrêtera dans une rue bien obscure, devant une maison bien misérable où la duchesse entrera. Cette fois, elle aura quitté ses atours, elle n'aura ni bijoux, ni robe éclatante, car son cœur lui a révélé les susceptibilités du malheur. Elle a laissé ses diamants, comme elle a laissé sa voiture et ses valets. Elle est venue seule, seule avec l'ange de la charité qui lui dit : Tu vas remplacer cette paille par un lit, ces haillons par des hardes propres, ces lambeaux informes par du linge blanc; tu vas donner du travail à cette malheureuse mère et tu prendras soin de son enfant. Quand l'ange de la charité parle, on l'écoute, ses conseils sont des ordres, on les entend, on les exécute et on est béni.

Les journaux disent fidèlement tout le mal qui se fait à Paris, ils racontent avec complaisance les crimes qui s'y commettent. Mais savent-ils la dixième partie du bien qui s'y accomplit? Non, car la charité aime le mystère, et les aumônes les plus efficaces sont aussi les plus ignorées.

Regardez donc sans jalousie et surtout sans haine ces belles voitures qui passent, repassent et se croisent dans cette longue avenue du Bois que la fashion a adoptée (1). Regardez-les sans haine, parce que beaucoup de riches que vous voyez là se sont ennoblis par leurs bienfaits; regardez-les sans jalousie, parce que beaucoup d'autres ne doivent la fortune dont ils jouissent qu'à leurs travaux, à leurs lumières, aux services qu'ils ont rendus. Quant à ceux qui n'ont eu que l'embarras de naître, qui, de tout temps, ont vécu dans l'abondance, et dont la vie se résume par un seul mot : — jouir, — laissez-les en paix et ne les blâmez pas non plus. Peut-être qu'ils feraient mal ce qu'ils essayeraient de faire, et, dans tous les cas, leur oisiveté n'est pas stérile puisqu'ils aiment les beaux chevaux, les belles voitures, tout ce luxe enfin si nécessaire à la prospérité d'un pays.

(1) L'Allée des Fortifications.

« Tout ce qui brille n'est pas or, » dit un proverbe vulgaire. Cela veut dire que les apparences sont souvent trompeuses; que tel paraît riche et ne l'a jamais été ou ne l'est plus, et que tel paraît heureux dont la vie est un enfer.

Le notaire infidèle, qui envoie sa femme à l'Opéra, couverte de faux diamants, le jour même où il passe la frontière, ne manque pas, s'il a voiture et s'il est d'un certain monde, de se montrer au Bois quelques heures avant son départ. Là, il salue ses clients, le spéculateur qui lui a confié ses titres, le rentier qui a déposé son capital chez lui. Les pauvres victimes ne se doutent pas du coup terrible qui va les frapper. Comment ne pas avoir confiance dans un homme qui vient aujourd'hui même de renouveler ses chevaux ?

Être ou paraître, voilà les deux mots qui résument la société. Ce sont les deux pôles, l'alpha et l'oméga de ce monde que nous avons en ce moment sous les yeux, qui passe dans ces voitures, galope sur ces chevaux, se promène lentement sous ces contre-allées. Ceux qui *sont*, ont peu d'efforts à faire pour prouver qu'ils sont ; ils se laissent simplement aller à la vie comme le liége se laisse aller au courant. Mais quelles minutieuses précautions ne sont pas obligés de prendre ceux qui, *n'étant pas ou n'étant plus*, veulent avoir l'air d'être, quand même, par vanité ou par intérêt ! Que de soins pour éviter l'immersion ! Quelles violences intérieures pour ne pas se trahir !

Voici trois personnes dans une calèche splendide. Le père et la mère occupent le fond de la voiture, une jeune fille de quinze ou seize ans est sur le devant, c'est leur enfant. Un beau jeune homme, monté sur un superbe anglais pur sang, caracole à la portière. Le mari, jeune encore, a toutes les apparences d'un homme heureux ; il sourit à sa femme et détache du bouquet qu'elle lui présente une magnifique rose moussue qu'il place négligemment à sa boutonnière. De son côté, la femme, belle comme on l'est quelquefois à trente ans, lui sourit sans affectation. La jeune fille semble rêver ; le jeune homme s'étudie à paraître gracieux sur son cheval. « Voilà le vrai bonheur ! disent ceux qui passent », et ils rêvent d'ineffables joies intérieures, des fêtes sans fin !...

Menteuse et cruelle apparence ! ce n'est pas le bonheur qui passe, c'est le drame ! le drame dans la famille, le drame intime, poignant, qui commence au foyer domestique et se dénoue en cour d'assises ! Le beau jeune homme qui caracole à la portière, c'est l'amant de madame. Le mari le sait, et il a dit à sa femme qu'il le savait. Epouvantée, elle a imploré son pardon à genoux. Il a paru pardonner, mais il a mis pour condition à son indulgence, non pas qu'on éloignerait le jeune homme, mais qu'on reviendrait à ses devoirs, tout en gardant près de soi l'objet aimé. L'éloigner, en effet, n'était-ce pas donner raison aux propos perfides qui commençaient déjà? En le traitant comme par le passé, en se montrant avec lui en public, l'honneur était sauf, du moins pour le monde, et le mari outragé pouvait accomplir ses desseins. Complétement ruiné par de fausses spéculations, il n'avait plus d'espoir que dans le mariage de sa fille. Ce mariage était à la veille de se faire ; le futur, un autre beau jeune homme, apportait des millions, tout était sauvé !...

Tout était perdu, au contraire, si le scandale devenait public, car la famille dont on souhaitait si ardemment l'alliance, ne permettrait pas une tache à son blason. Voilà pourquoi l'on se montrait au Bois avec cette apparence d'union et de parfait bonheur qui trompait tout le monde... Le mariage se fera, les millions seront encaissés, et le pauvre innocent qui caracole à la portière sera invité à rester chez lui. Ce sera le signal de la catastrophe : des lettres, trop tendres, hélas ! seront surprises, et le mari, dont l'indulgence n'était qu'apparente, s'adressera aux tribunaux pour obtenir une séparation de corps.

Cette histoire, ne la connaissez-vous pas, ne l'avez-vous pas déjà lue ? Mais hier encore elle était écrite tout au long dans la *Gazette des Tribunaux !*

Quelle est cette femme languissamment étendue sur les moelleux coussins de sa calèche ? Avec quelle grâce les flots de sa robe retombent autour d'elle ! Quelle harmonie de toilette ! Quelle recherche savante et pleine de simplicité ! En vérité, cette femme vous fascine ! on voudrait détourner les yeux, mais son regard vous brûle et attire le vôtre ! que de séductions dans ce visage incomparable, dans l'attitude de tout ce corps frémissant ! Pauvre jeune homme ! as-tu donc oublié les malheurs de Raphaël ? Oui, c'est elle, c'est Fœdora, la femme sans cœur. Passez, passez, Fœdora, retournez bien vite à Paris, votre agent de change vous attend !

Maintenant, attention !

Voici lord X., l'une des célébrités du sport en France et en Angleterre ; on peut dire que le noble lord passe sa vie à cheval. C'est un habitué du Bois de Boulogne, mais il est du petit nombre de ceux qui s'y rendent pour leur plaisir et leur santé, et ne tiennent nullement à être vus. Lord X. déjeune de bonne heure et arrive au Bois avant midi. Il a gagné des sommes folles à faire courir, et c'est à lui que nous devons l'importation des handicaps. Il a publié plusieurs brochures très-remarquables sur le dressage des chevaux, et il connaît à fond les races d'Europe. Il répète souvent, avec amertume, que le cheval de selle n'existe plus : « On ne voyage plus, on ne chasse plus à cheval, dit-il, le seul cheval de selle de notre époque est le cheval de guerre.... » Et il fait les plus louables efforts pour rendre à l'animal déchu les hautes perfections qui le distinguaient autrefois : la souplesse, l'énergie, le liant, la vigueur. Nul mieux que lui ne ramène et ne rassemble un cheval difficile ; nul mieux que lui ne sait vaincre, par l'assouplissement, les résistances de l'encolure. Ainsi monté et conduit, le coursier le moins docile répond aussitôt aux effets de force, d'opposition et d'impulsion du cavalier. Lord X. rivaliserait, je crois, avec Baucher pour le passage instantané du piaffer lent au piaffer précipité ; pour le travail au galop sur les hanches, pour le galop sur trois jambes, le recul au trot, le recul au galop avec et sans rênes, les changements de pied au temps, le changement de pied sur place, et mille autres exercices qui témoignent de la puissance, de la patience et de la volonté de l'homme. Le cheval que monte en ce moment Lord X. est un pur sang du Galloways. Il fait l'admiration et le désespoir de tous les turfistes. *Black-Eagle* n'a jamais été monté que par son maître.

Le nombre des équipages augmente, tout Paris élégant est là. C'est une collection de femmes belles à tourner toutes les têtes, à ravir tous les cœurs. C'est un vivant parterre des fleurs les plus rares de tous les pays. Il n'est pas un point connu du monde civilisé qui n'y soit représenté par quelque merveilleuse créature, aux cheveux blonds, châtains ou noirs, aux yeux de turquoise ou de jais, aux regards vifs ou languissants, au teint pâle comme le camélia blanc, ou rosé comme le chèvrefeuille. Ouvrez les yeux vous tous qui avez l'amour de la beauté et de la grâce; mais prenez garde à votre cœur! Voici, dans ce coupé, la belle comtesse de P., dont la vertu est une forteresse intacte. Cette petite brune mignonne, qui vient après, dans cette calèche sans armoiries, c'est Mme B., Mme B. tout court, veuve à vingt ans, et qui compte autant de millions que de printemps. Cette blonde Anglaise, qui passe à cheval et qu'accompagne un vieux monsieur, c'est lady F.; vous connaissez sa biographie. Elle était l'année dernière à Néris, et c'est en son honneur que le brillant colonel de V. s'est battu avec le prince Titatchoff, qu'il a cruellement blessé. Dans la contre-allée, ce couple qui vient à pied de votre côté, c'est tout simplement la duchesse de S. et son mari; le duc est, dit-on, le plus fin diplomate de notre temps, et la duchesse a une réputation d'esprit européenne. Un peu plus loin, la mélancolique baronne de F., qui passe l'été à Auteuil, se promène avec ses enfants. Sa jeune fille se compose un bouquet de fleurs du Bois, et son petit garçon s'amuse à faire galoper un grand valet doré sur toutes les coutures, qu'il tient au bout d'une ficelle, et dont il frappe cruellement les mollets avec son petit fouet. Cet enfant promet; on voit qu'il a du sang de colon dans les veines. Malheureusement le baron son père est parti pour vendre ses plantations de la Guadeloupe, beaucoup moins productives depuis l'affranchissement des noirs. Son fils l'eût dignement remplacé !

Le monde officiel est là, représenté par des ministres, de hauts fonctionnaires et des ambassadeurs. Ces personnages viennent assez irrégulièrement au Bois. La politique a des exigences si nombreuses ! mais leurs femmes ne manquent pas de s'y montrer tous les jours, et plus d'un doux visage qui vous fait rêver paraît dans la voiture d'une Excellence.

La finance, la haute banque aiment le Bois ; elles y viennent après la Bourse. Voici la livrée bleu et or du plus célèbre banquier du monde. Inclinez-vous devant la majesté rayonnante du capital. Ce financier richissime compte les millions par centaines, ce n'est pas assez dire, il a *mille millions*, il a *un milliard* ! Plus riche à lui seul que toutes les sociétés financières, il sème l'or par tonneaux dans toutes les terres dont il connaît la bonne qualité. Sa moisson est immense, elle s'étend du nord au midi et de l'est à l'ouest. Plus d'un roi est son débiteur, et plus d'un peuple lui doit son industrie et son crédit. Vous dire les chemins de fer, les usines, les mines, les forêts qu'il possède, ou sur lesquels il a les plus sûres hypothèques, serait impossible. Il est le Pactole, et il peut ce qu'il veut; c'est quelque chose comme un Etat dans l'Etat.

Inclinez-vous encore devant ce petit homme maigre, au teint bronzé et à l'œil vif, qui passe dans ce tilbury rapide comme l'éclair. C'est le prince de la finance aventureuse, c'est plus, c'est le voyageur intrépide qui a découvert le premier filon doré du Sacramento. Il y a quelques années à peine, il errait pauvre et ignoré, dans la Californie déserte, lorsque ses regards s'arrêtèrent sur les paillettes brillantes d'un ruisseau tari. C'était de l'or ! Il y en avait là pour quelques mille francs à peine, mais un peu plus loin il y en avait pour des millions. Il recueillit ces richesses, revint en France, publia sa découverte et se fit banquier ou plutôt spéculateur. Aujourd'hui, c'est, dit-on, le plus heureux joueur de la Bourse, et il marche de pair avec les gros bonnets du lieu. Il est vrai que sa fille vient d'épouser le duc de Cholérapoulos, et que ses salons, fréquentés par toutes les illustrations littéraires et artistiques, sont les plus gais de Paris.

Talent n'est pas toujours synonyme de richesse, et plus d'un artiste de mérite, plus d'un écrivain distingué ne paraissent au Bois de Boulogne qu'en voiture de remise ou ne s'y montrent pas du tout. Mais il faut jouer de malheur pour ne pas y rencontrer quelques-unes des notabilités que la foule a consacrées et que le succès a enrichies. Auber, Lamartine, Scribe, Horace Vernet et beaucoup d'autres qui portent des noms chers au public, aiment le Bois et s'y promènent souvent. Rachel, qui nous a quittés, l'ingrate! pour déclamer nos plus beaux vers à des oreilles russes, ne manquait pas de se montrer au Bois tous les jours quand elle était à Paris. Lamartine avait dernièrement encore un appartement à Madrid; Auber et Scribe ont composé au Bois, j'en suis sûr, plus d'un air et plus d'un couplet d'opéra comique. Et quant à Horace Vernet, son goût pour les chevaux en a depuis longtemps fait un habitué de cette promenade aristocratique.

Telle est l'ébauche du tableau que présente le Bois au printemps, avant le départ de la société riche pour la campagne. Il n'est pas un autre lieu, dans le monde entier, qui soit aussi digne de fixer l'attention de l'observateur. Le Bois de Boulogne c'est le grand salon de Paris, qui est lui-même la capitale de l'univers. On écrirait un nombre infini de volumes sur les scènes intimes, les intrigues, les drames ou les comédies dont il est le confident discret ou indiscret. Spectacle toujours de bon ton, mais varié à l'infini, il présente sans cesse des personnages nouveaux à l'œil du physiologiste. Connaître à fond la société qui se croise, s'examine, passe, cause, pose, rit, fume, médit, se déchire, se salue, s'amuse ou bâille sous ces arbres touffus, ce serait connaître la société de Paris ; bien plus ! ce serait connaître le cœur humain.

Balzac, de glorieuse et douloureuse mémoire, l'avait compris. Que sa grande ombre me pardonné d'être entré sur la scène par le coin du rideau qu'il a lui-même soulevé.

J'ai parlé de la prédilection de l'Empereur pour le Bois de Boulogne. Je ne puis terminer ce chapitre sans dire que S. M. s'y montre souvent avec l'Impératrice. La présence de LL. MM. donne un attrait de plus à ces charmantes allées, qui semblent faites pour la réunion de toutes les aristocraties : — talent et richesse, — puissance, beauté et bonté.

VIII

LE BOIS LE SOIR

VIII

Paysage. — Mystères du Bois. — Mme la Duchesse et M. le Duc. — Discrétion des cochers de remise. — Chacun pour soi. — Parties à quatre. — Les Dames du quartier Saint-Georges. — Autre paysage. — La Mare-aux-Biches. — Un Suicide. — La hausse et la baisse. — Le Château des Fleurs. — Le Jardin Mabille. — Féeries des Mille et une Nuits.

Au printemps, quand les acacias et les tilleuls sont en fleurs ; l'été, quand l'excès des chaleurs énerve tout ce qui respire ; en automne, quand les arbres se varient de ces teintes diverses qui ajoutent à leur charme, le Bois reçoit encore le soir un grand nombre de promeneurs. A ces heures tardives, on ne vient pas pour être vu, mais on vient pour respirer l'air frais de la nuit dans une calèche découverte ou dans un coupé dont les glaces sont baissées. C'est l'heure intime du Bois, l'heure de l'abandon et des douces causeries. Il n'y a plus de soleil, il n'y a plus de poussière, l'obscurité donne aux allées des aspects mystérieux, les contours s'effacent, les perspectives se noient dans une douce vapeur, l'air est imprégné des émanations des arbres et des parfums des fleurs, et les rossignols chantent dans les massifs les plus solitaires. L'on pourrait alors se croire à cent lieues de Paris, si les voitures n'étaient pas aussi nombreuses, et si le ciel était moins rouge de l'autre côté des Fortifications.

Le Bois, fidèle à ses traditions d'amour et de galanterie, devient le confident de mille charmantes aventures dont il garde le secret. C'est l'heure où la duchesse, — il y a encore des duchesses, — s'y promène en voiture de remise avec le beau jeune homme qui l'a discrètement saluée la veille, lorsqu'elle passait dans son riche équipage. Qui pourrait la reconnaître dans ce petit coupé à cinquante sous l'heure, derrière ce voile, que ne dérangent même pas les baisers que l'on prend et ceux que l'on donne? Songez, Monsieur, qu'il faut être prudent, si le duc allait passer ! Quelquefois le duc passe, mais lui aussi est en petit coupé, lui aussi tient beaucoup à ne pas être vu, et, pour les mêmes motifs il prend les mêmes précautions. Avec qui le duc est-il ? Il est avec une jeune débutante qu'il a prise au théâtre après la première pièce, où elle avait un rôle. Ainsi vont les choses dans ce Paris, où pour avoir toutes les jouissances des sens et de la vanité, il ne faut que beaucoup d'écus.

L'ombre du Bois s'épaissit, les voitures se répandent partout et circulent jusque dans les lieux les plus écartés. Les cochers conduisent au pas sans jamais se préoccuper de ce qui se passe à l'intérieur du véhicule. Les cochers de Paris, je parle des cochers de remises, sont des modèles de discrétion qui mériteraient un chapitre spécial. Que n'ont-ils pas vu, ou plutôt que n'auraient-ils pas pu voir s'ils l'eussent voulu ! Soyons discrets comme eux, ne cherchons pas à pénétrer ces mystères de nos nuits d'été ; ne disons pas comment finira l'aventure de la duchesse, qui n'est qu'une copie de cent autres aventures devant avoir le même dénoûment. Au Bois, le soir, chacun s'occupe de ses propres affaires; beaucoup n'y viennent que pour introduire dans leurs poumons l'air frais et pur qu'on n'a pas dans Paris; d'autres y viennent pour brûler en paix leurs cigares en regardant le ciel du fond de leur calèche; il en est qui ne s'y promènent que pour se délasser des affaires du jour, se calmer les nerfs irrités par les émotions de la coulisse ou du parquet; il en est aussi qui, prenant la vie plus gaîment, se réunissent à quatre, deux hommes et deux dames, et commencent au Bois une soirée qui s'achèvera à Tortoni, ou ailleurs. Mais chacun pour soi est la devise du moment. On ne tient pas à voir, on tient encore moins à être vu. Je dois faire une exception, cependant, pour quelques dames du quartier Saint-Georges, qui, venues au Bois, seules ou à deux, ont peur de leur isolement, craignent les voleurs de bourses et de vertus, et s'en retournent en société. Que voulez-vous, la femme est si faible, et le Bois paraît quelquefois si profond!

L'ombre s'épaissit de plus en plus. La lune se cache derrière le Mont-Valérien ; l'air est vif, le terrain s'incline sensiblement dans la direction de la Seine ; de légères brumes flottent comme des écharpes vaporeuses parmi les branches des mélèzes, des bouleaux et des sapins. On n'entend que le chant du rossignol et le bruit lointain d'un cheval au galop. Le carrefour est désert. Quelle est cette route isolée ? quelle est cette petite nappe d'eau silencieuse, sans reflets et que les herbes ont envahie ? C'est l'allée de la Reine Marguerite, c'est la Mare-aux-Biches. Tout à coup les chants se taisent, un bruit de pas se fait entendre, et un homme apparaît au bord de la mare. Sa figure est sinistre, il est pâle, ses cheveux sont en désordre, il a perdu son chapeau dans quelque taillis. Il brise une longue branche et la plonge droite dans la mare, dont il semble vouloir sonder la profondeur ; la branche s'enfonce à peine de deux pieds, il la retire et la jette. Alors il ôte sa cravate, promène un regard autour de lui et se dirige vers un chêne haut et touffu sur lequel les oiseaux chantaient tout à l'heure. L'obscurité est complète, il est impossible de rien voir.....

Demain, on lira dans les journaux :

« Encore un suicide au Bois de Boulogne ! Des promeneurs ont trouvé, dans la journée, près de la Mare-aux-Biches, le corps de M. N., pendu à un arbre. Depuis quelque temps, M. N. se livrait, dit-on, à des opérations de Bourse très-actives. Il paraît même qu'il avait fait, le mois dernier, d'énormes bénéfices sur la hausse des fonds publics. Malheureusement l'agent coulissier auquel il avait confié toute sa fortune est parti pour la Belgique la veille de la liquidation. Cet agent avait spéculé à la baisse pour son propre compte, et il laisse un passif de plusieurs millions. M. N., complétement ruiné, n'a pas eu le courage de survivre au coup qui l'a frappé. Quand donc s'arrêtera cette frénésie de spéculation qui a déjà fait tant de victimes ! »

Associons-nous aux vœux du journaliste, et reportons nos yeux sur un spectacle plus gai.

Entre neuf et dix heures, les voitures quittent le Bois et reviennent à Paris. Quand ce n'est pas jour de bal au Renelagh, — le jour fashionnable est le jeudi, — beaucoup de ces voitures s'arrêtent au Château des Fleurs ou au Jardin Mabille. Ces deux établissements, que tout Paris connaît, sont sur la route; il est bien naturel qu'on y fasse au moins une station d'une heure. Et puis cette station est entrée dans le programme de la promenade : les hommes ont pris des gants bien frais et les dames des robes bien riches, tout exprès pour s'y montrer. Et puis, enfin, ne fera-t-on pas là la rencontre qu'on n'a pas faite au Bois? On entre donc dans ces jardins, qui n'ont pas leurs pareils au monde, et réalisent, certains jours, les plus merveilleuses féeries des *Mille et une Nuits*. Après l'obscurité et le calme du Bois, cette musique, ces danses, cette animation et ces flots de lumières et de fleurs ont bien plus de charme. Ce contraste saisit. On est heureuse parce que l'on sait que toutes ces choses sont faites pour vous, et si l'on est belle et séduisante, on le paraît dix fois plus.

IX

LE RANELAGH

IX

La Pelouse et la fête de Passy. — Origine du Ranelagh. — Vers de Dumersan. — Infortunes du Ranelagh. — Les Juges de la Table de Marbre. — Bonté et justice de Louis XVI. — La Foule au Ranelagh. — On y établit une loge maçonnique. — Marie-Antoinette au Ranelagh. — Fêtes charmantes. — La Révolution. — Les Sans-culottes au Ranelagh. — L'établissement est fermé. — Résurrection. — Les Muscadins. — Nouveaux malheurs. — Nouvelles fêtes. — Le danseur Trénitz. — Supériorité de ses entrechats. — Bertrand et Barras, Mme Tallien et Mme Récamier au Ranelagh. — Catastrophes. — Le Ranelagh est immortel. — La comtesse Corvetto. — Réparation de la salle. — La foule y revient. — Le Ranelagh n'est pas au bout de ses infortunes. — Nouvelles chicanes. — Six ans de lutte. — Triomphe définitif du Ranelagh. — Le Ranelagh aujourd'hui.

Entre les jardins de la Muette et le lieu où se trouve aujourd'hui le Ranelagh, s'étendait autrefois une vaste pelouse. C'est sur cet emplacement, entièrement à découvert, que fut transportée la fête de Passy. La *Pelouse* fut longtemps le rendez-vous de la cour et de la ville. Les jeudis et les dimanches, la Pelouse présentait le tableau le plus animé. Les femmes aimables et belles, les riches toilettes, tout ce qui aime à se montrer était là. La Pelouse est maintenant plantée d'allées de faux acacias, sous lesquels a lieu encore aujourd'hui la fête de Passy, mais que les promeneurs ne visitent plus guère, excepté les jours de bal au Ranelagh.

Le Ranelagh! D'où vient ce nom bizarre, si dur à l'oreille et si doux au cœur de plus d'une jolie femme! Ranelagh était le nom d'un lord d'Irlande, grand amateur de musique, et qui avait fait construire, au milieu de vastes jardins, sur les bords de la Tamise, un bâtiment en forme de rotonde, pour y donner des concerts.

Dumersan a dit, dans son *Epître* à Passy :

>Ce Ranelagh, dont le nom fut anglais,
>A vu jadis et la cour et la ville
>Dans son enceinte arriver à la file.
>La mode est tout chez le peuple français.
>Le goût du jour dirige cette foule
>Qui par torrents se grossit et s'écoule,
>Sur les arrêts de quelques étourdis
>Qui sont partout comme oracles suivis.
>Point d'agréments qu'aux lieux où l'on s'écrase...

Le fondateur de notre Ranelagh donna donc ce nom à son établissement en souvenir des plaisirs de la rotonde anglaise ; je dois dire en passant que l'établissement a si bien tenu tout ce qu'il promettait, que le nom est devenu tout à fait français par l'adoption de la foule élégante, et que je ne serais pas étonné de le trouver un jour dans le Dictionnaire, comme synonyme d'amour, de tendre abandon et de franche gaîté.

L'origine du Ranelagh ne se perd pas dans la nuit des temps. Ce bal remonte assez haut, cependant, pour qu'il ait droit à des titres de noblesse. En 1773, un sieur Morisan, garde de l'une des portes du Bois de Boulogne, obtint, par la protection du maréchal prince de Soubise, gouverneur du château de la Muette, la permission d'enclaver le lieu de la *Pelouse* destiné à la danse, et d'y construire un café, un restaurant et une salle de spectacle. Telle est l'origine du Ranelagh, dont l'ouverture eut lieu le 25 juillet 1774, trois mois après la mort de Louis XV. Le Ranelagh compte donc 80 années d'existence : c'est un des bals les plus anciens de Paris. N'allez pas croire que le Ranelagh ait traversé cette longue période avec une gaîté toujours égale. Hélas ! comme toutes les choses d'ici-bas, il a eu, lui aussi, ses jours de crise, de douleur, et son gai visage s'est plus d'une fois rembruni devant la menace ! Peu d'années après sa fondation, le brave gardien Morisan vit annuler l'ordonnance en vertu de laquelle il avait ouvert son bal. Cette sentence, provoquée par le caprice du grand-maître des eaux et forêts de la généralité de Paris, fut confirmée le 3 juillet 1779 par un arrêt solennel du siége de la Table de Marbre. Cet arrêt est trop curieux pour que je ne le transcrive pas ici. En voici les termes :

« Les juges, en dernier ressort, reçoivent le procureur général du roi opposant à l'exécution des actes de permission mentionnés en sa réquisition, et sans s'arrêter ni avoir égard à la sentence rendue en la gruerie de Boulogne, le 25 juin 1779, qui demeurera comme non avenue, lui permettons de faire assigner, aux délais de l'ordonnance, en la cour, Morisan et Renard ; et cependant, *par provision*, ordonnons que, dans le jour de la signification du présent arrêt, lesdits Morisan et Renard seront tenus, chacun en droit soi, de faire abattre et démolir les cheminées, fours et fourneaux par eux construits dans le bois de Boulogne ; font aussi défense, par provision, auxdits Morisan et Renard, de rescidiver d'allumer dans leurs loges, enceintes, ranelagh et baraques, aucuns feux, *sous peine de galères*. Au surplus, font défense de continuer aucuns ouvrages, à peine d'être, les contrevenants, ouvriers et voituriers, emprisonnés sur le champ. »

Qu'avaient donc fait les malheureux Morisan et Renard pour qu'on les traitât avec une telle rigueur? Les chroniqueurs de l'époque ne le disent pas. Ce qui est certain, c'est que le grand-maître des eaux et forêts et messieurs de la Table de Marbre avaient cru voir un empiètement sur leurs attributions dans la concession faite aux deux gardiens, et qu'ils commettaient un abus de pouvoir, sous le frivole prétexte de rétablir leurs droits. Heureusement, ils comptaient sans la bonté et la justice du roi Louis XVI. Quelques jours après, le conseil d'Etat cassa l'ordonnance avec l'arrêt du siége de la Table de Marbre, et maintint la sentence du maréchal prince de Soubise. Les fondateurs du Ranelagh firent alors les plus louables efforts pour attirer la foule dans leur établissement. L'appel fut entendu. Le public sembla vouloir protester par son empressement contre la mesure arbitraire qui avait si cruellement menacé un lieu qu'il avait adopté. Les fêtes furent très-suivies. Le Ranelagh eut ses bals, ses fins dîners, ses spectacles, ses feux d'artifice. On y installa même une loge maçonnique.

Le séjour que la reine fit à la Muette, en 1780, ajouta encore à cette vogue. Une société d'élite, composée de cent personnes, y fonda un bal tous les jeudis, moyennant une somme annuelle de 7,200 fr., destinée au loyer de la salle, à l'éclairage, etc. Les résultats dépassèrent les espérances des sociétaires. La reine honora plusieurs fois ce bal de sa présence, et dès lors tout ce que Paris comptait d'illustrations, de brillants désœuvrés et de femmes jolies, sollicita de la commission la faveur d'être admis. Ce fut l'époque la plus brillante du Ranelagh.

Malheureusement la Révolution arriva, suivie de la Terreur, qui chassa toutes les gloires et bannit tous les plaisirs. Réduit à son bal du dimanche, composé de sans-culottes et de femmes avinées, l'établissement fut bientôt contraint de fermer ses portes. L'aristocratique pavillon n'était pas fait pour de telles orgies. Enfin, semblable au malheureux qui se dépouille de son habit pour acheter du pain, il se vit contraint de payer ses dettes avec une partie de ses propres matériaux.

Mais Morisan, constant dans son idée, et trop éprouvé déjà pour ne pas être habitué au malheur, attendait patiemment de meilleurs jours. Il crut les voir arriver pour lui avec le Directoire. La salle fut reconstruite et la foule revint, foule avide de plaisirs, mais ridicule et grotesque. C'étaient les *muscadins*, avec leurs habits carrés à collets verts ou noirs et leurs cravates incommensurables, dont Robert-Macaire, ce type par excellence, semble avoir voulu perpétuer la tradition. Le bonnet rouge et la carmagnole se montrèrent jaloux de ce luxe excentrique ; les muscadins furent d'abord menacés, insultés, puis finalement assiégés par un bataillon de la garde du Directoire, dans la salle même du Ranelagh.

O Morisan ! toi qui fis tant pour les plaisirs de nos pères, de quels chagrins n'as-tu pas été abreuvé !

Les pauvres jeunes gens en furent quittes pour quelques jambes cassées ou quelques mois de prison. Mais le Ranelagh fut ravagé et resta fermé jusqu'en 1799.

Le croira-t-on ! cette terrible catastrophe ne découragea pas Morisan. Non moins résigné que malheureux, il mit encore une fois son espoir dans l'avenir ; mais ce cœur naïf, ce patriarche né pour l'harmonie, et qui ne demandait qu'à vivre un peu en amusant beaucoup les autres, se prit sans doute à souhaiter la chute du gouvernement, et l'empressement avec lequel il rouvrit le Ranelagh lorsque Bonaparte eut renversé le Directoire, prouve surabondamment que la joie était revenue dans son cœur avec le retour de la sécurité publique.

Cette époque eut encore un caractère différent de celles qui l'avaient précédée. Elle produisit entre autres célébrités le danseur Trénitz, qui a donné son nom à l'une des figures de la contredanse. L'entrechat semblait s'être incarné dans Trénitz. Cet entrechat recommença la fortune du Ranelagh, en y attirant les illustrations du temps : Madame Tallien, Madame Récamier, Bertrand, Barras et beaucoup d'autres.

Disons-le, Morisan, que les revers n'avaient pu abattre, se laissa mourir au milieu de cette troisième période de sa prospérité. Triste mort, grande perte pour l'établissement! Mais les nombreux amis de l'ancien garde regrettèrent moins ce malheur, lorsque la chute de Napoléon, ramenant par deux fois les armées étrangères au Bois de Boulogne, ils virent les joyeuses salles du Ranelagh transformées d'abord en écuries, puis en hôpital. Cette double souillure eût rendu la vie insupportable à Morisan.

Enfin, un terrible ouragan acheva la ruine de l'établissement.

Le Ranelagh n'avait cependant pas dit son dernier mot. Ravagé par les hommes, démoli par la tempête, dépossédé d'une partie de ses terrains (1), il trouva encore assez d'intérêt dans le public pour s'essayer de nouveau à la vie et au plaisir. Sous le patronage de la comtesse Corvetto, femme de l'ancien ministre des finances de Louis XVIII, l'association des bals se reforma, et la société revint dans une salle nouvellement réparée. Mais, ici, commence une nouvelle et longue lutte, entre l'établissement et le Domaine de la Couronne. Menacé encore une fois de démolition, le Ranelagh tint ferme ; il fit valoir l'ancienneté de ses titres, il exhiba ses vieux parchemins, il s'appuya du souvenir de toutes les illustrations qui l'avaient fréquenté ; il parla de sa philosophie douce et facile, montra ses nombreuses blessures, et, par dessus tout, vanta ses opinions essentiellement *conservatrices.*

(1) Depuis cette époque, et comme juste compensation à ces pertes, le Ranelagh a obtenu des additions de terrain assez considérables.

Conserver, en effet, n'était-ce pas tout ce que voulait le Ranelagh? Qu'avait-il gagné aux changements de gouvernement, à la turbulence des révolutions? Les idéologues, les sans-culottes, il les avait en exécration, et pour cause! Il avait horreur de la guerre, car il ne pouvait prospérer que par la paix; il voulait la stabilité du gouvernement, car sa fortune était dans la confiance, dans la sécurité et la joie de tous; il aimait la famille, car il était lui-même une famille, et des plus honorables; il vénérait la religion, car il ne permettait jamais la danse aux heures des offices; il adorait la propriété, car il était propriétaire, et c'est pour cela qu'il demandait à conserver son bien : il était donc conservateur... Cette défense honnête et éloquente prévalut, mais au bout de six ans seulement. Par convention approuvée par le roi, le 12 avril 1826, le Ranelagh fut re-conservé!

« Le Domaine de la Couronne, » dit l'acte de conservation, « conserve au sieur Herny (1) et à

---

(1) Le propriétaire actuel, honorable et excellent homme, que tout Paris connaît.

ses héritiers, *pour un temps illimité*, les bâtiments connus sous le nom de Ranelagh, ainsi que le terrain qui en dépend, pour en jouir ainsi que l'ont fait ses auteurs, c'est-à-dire pour y donner bals, spectacle, pour y tenir enfin restaurant et tous accessoires qu'entraîne un établissement de ce genre. »

Sûr de son avenir désormais, le Ranelagh fit des frais de toilette; il rouvrit ses bals du samedi, que la duchesse de Berry honora de sa présence; il reconstruisit son théâtre, où vinrent s'essayer, avant leurs débuts, les élèves de l'École de déclamation, ceux du Conservatoire de musique, et de nombreux amateurs. On y jouait tous les genres. A côté des amateurs et des élèves, paraissaient aussi, dans les grandes représentations, les principaux acteurs de Paris. La liste serait longue si je voulais nommer toutes les illustrations du théâtre, toutes les femmes du monde qui sont venues, animées par la charité, jouer ou chanter sur cette petite scène au profit de quelque infortune digne de pitié. Le Ranelagh, si cruellement éprouvé lui-même, compatissait aux malheurs d'autrui, et, comme tous les cœurs bons, s'il avait le sourire près des lèvres, il avait aussi les larmes près des yeux et l'aumône près de la main.

Vous savez ce qu'est le Ranelagh d'aujourd'hui. Malgré son grand âge, il n'a pas un seul cheveu blanc, pas une ride; son œil est vif ou langoureux, selon le temps, ses dents sont de la nacre la plus pure, ses lèvres sont de carmin (sans méchant jeu de mots), et son sourire est des plus francs. C'est qu'il a été renversé deux ou trois fois, comme je viens de vous le dire, coupé dans sa racine; c'est que notre Ranelagh à nous n'est pas autre chose qu'un jeune et vert rameau, sorti d'un vieux tronc dans une vieille forêt.

X

LES DUELS

X

Erreur des provinciaux. — On ne se bat plus au Bois de Boulogne. — Duels historiques. — Un mot du duc de Richelieu. — Fer, feu et sang. — Impuissance des législations contre le duel. — Les Spadassins. — Profession de foi de l'auteur. — Ce qu'il faut faire. — Le Bois de Vincennes et la Belgique.

Pour le provincial ne connaissant Paris que par ce qu'il en a pu lire dans des romans déjà vieux, le Bois de Boulogne est encore de nos jours le lieu où tout galant homme qui a reçu une insulte va se couper la gorge avec son insulteur. Cette opinion, fondée il y a une vingtaine d'années, ne l'est plus aujourd'hui. Le Bois, avec ses nombreux chemins, ses gardes vigilants et ses taillis transparents comme la dentelle, ne permet plus ces sortes de rencontres. L'on peut s'y promener désormais, même de grand matin, sans courir le risque de recevoir dans le dos la balle de quelque combattant. Le duel, le duel sérieux a besoin de mystère, il lui faut le calme et la solitude, et c'est généralement entre deux murs ou dans le carrefour écarté d'un bois, que se passent ces sortes d'affaires. On ne se bat donc plus au Bois de Boulogne, et, si par hasard quelques boîtes à pistolets et quelques épées cachées passent encore par la porte Maillot, elles sont portées par des témoins expérimentés, sages et charitables, qui veulent rapprocher les parties tout en sauvant le point d'honneur, et qui savent très bien qu'un garde ou un gendarme ne manquera pas de se présenter et d'empêcher le combat aussitôt que les fers seront croisés ou les pistolets chargés.

Mais il n'en a pas toujours été ainsi, on s'est beaucoup battu au Bois de Boulogne, on s'y est battu sérieusement, on s'y est aussi battu pour rire.

Parmi les duels mémorables qui ont eu lieu

sous ses ombrages, figure en première ligne celui du comte d'Artois (depuis, Charles X) avec le duc de Bourbon (le dernier des Condé) en 1778. La duchesse de Bourbon avait été insultée au bal par le comte d'Artois. Le duc demanda raison de cette injure, et les deux illustres adversaires se rendirent sur le terrain. Mais ils avaient à peine croisé le fer, qu'un ordre exprès du roi, arrivé fort à propos, mit fin au combat. Le public ne prit pas au sérieux cette rencontre, et le duel fut appelé *le duel pour semblant*.

Un autre duel historique, qui eut des conséquences plus graves, est celui de deux femmes jalouses qui s'étaient éprises d'un célèbre chanteur nommé de Chassé. Toutes les femmes, dit la chronique, en raffolaient. Une Française et une Polonaise se le disputèrent l'épée à la main, dans le Bois de Boulogne. La Française, moins forte sur l'escrime que son adversaire, reçut un coup d'épée en pleine poitrine. Après sa guérison, elle fut enfermée dans un couvent, et l'ardente Polonaise dut quitter la France. Mme du Barri, qui raconte cette curieuse aventure dans ses Mémoires, ajoute que de Chassé fut invité par le duc de Richelieu, de la part du Roi, à avoir désormais à se surveiller davantage et à paraître moins séduisant :

« — Dites à S. M., répondit de Chassé, que ce n'est pas ma faute, mais celle de la Providence, qui m'a créé l'homme le plus aimable du royaume.

« — Apprenez, faquin, répliqua le duc, que vous ne venez qu'en troisième : le roi passe avant vous, et moi après le roi. »

Mais à côté de ces souvenirs, où le grotesque le dispute au dramatique, combien de souvenirs sanglants viennent se placer ! Il n'est peut-être pas un lieu quelque peu solitaire du Bois de Boulogne qui n'ait été témoin de la mort d'un homme. Heureusement, aucune trace n'est restée de ces funestes rencontres. Le sable a bu le sang, et à la place rougie, l'herbe, la mousse et les fleurs ont poussé pour réjouir nos yeux.

Le duel a fui le Bois de Boulogne comme la bête féroce a fui l'antique forêt de Rouvrai. Est-ce à dire que nous ne nous battions plus? Hélas! l'expérience a prouvé que la législation est impuissante à réprimer le duel, cette triste nécessité de notre état social. Les châtiments les plus terribles n'y ont pas suffi autrefois; de nos jours, les lois ne peuvent rien contre le duel, qui dérive du point d'honneur, lequel a lui-même son origine dans le duel judiciaire. Remettez en vigueur les anciennes ordonnances en vertu desquelles on passait par les armes les gentilshommes qui se battaient; l'édit de 1623, qui punissait de mort, comme criminels de lèze-majesté divine et humaine, l'*appelant* et l'*appelé*; renouvelez les formidables défenses de saint Louis, et vous ne parviendrez pas à empêcher le duel d'une manière absolue, ou plutôt vous n'empêcherez de se battre que les gens qui ne se seraient pas battus sans cette excessive sévérité de la loi. Tout homme qui réfléchit et qui a dans le cœur l'amour de son semblable, sent pourtant que le duel, coutume barbare passée dans nos mœurs, est trop souvent ridicule, absurde ou féroce dans ses motifs. Que de malheureux, qui n'avaient jamais touché une épée, ont été assassinés à coup sûr par un spadassin! Que de rencontres terribles dans leurs conséquences, et qui n'avaient aucun motif sérieux! Dieu merci! le temps est déjà loin où l'on allait sur le terrain pour un regard équivoque, pour un mot douteux, ou tout simplement pour *le plaisir* de se faire, entre amis, une entaille de quelques lignes dans les chairs. Mais cela n'est pas assez : il faut que le duel, dernière ressource d'un honneur profondément blessé, ne soit permis que dans les cas les plus graves, et qu'on l'entoure de toutes les garanties de loyauté et de réciprocité qui lui manquent encore aujourd'hui.

Après cette courte profession de foi sur une matière délicate et bien controversée, il me reste à dire que le bois de Vincennes paraît avoir hérité du triste privilége possédé si longtemps par le Bois de Boulogne. Là, combattants et témoins n'ont pas autant à craindre d'être surpris; mais ceux qui veulent encore plus de sécurité pour leurs faits et gestes, prennent le chemin de fer du Nord et passent la frontière belge. C'est aussi ce que faisaient autrefois les banqueroutiers, les notaires infidèles et les agents de change *malheureux*, avant qu'il y eût un traité réciproque d'extradition.

La Belgique, qui nous a renvoyé longtemps nos livres contrefaits, nous renvoie trop souvent encore un ami écloppé, avec une jambe de moins et une béquille en plus.

XI

LE BOIS LE DIMANCHE

XI

Erreur d'un écrivain. — Physionomie du Bois le dimanche. — Artisans, commis et petits rentiers. — Les fiacres. — Les chevaux de louage. — Les ânes. — Tohu-bohu. — Un contraste. — Les femmes au Bois le dimanche. — Une page inédite de *Gil-Blas*. — M%me% de Saint-Cyr. — M%me% de Saint-Phar. — M%me% de Saint-Germain. — Types parisiens. — Un coulissier. — Un prince valaque. — Ecuyère et princesse. — M. Arthur. — Dentelles, cachemires et diamants. — Les bals publics et les *biblots*. — M%me% de Sainte-Aldegonde. — Le baron Hermann. — Le trente et quarante. — Un mot profond. — Autres belles impures. — Les industriels au Bois. — Un mot de Balzac. — Les amoureux du dimanche. — Papillons et violettes. — Vers de La Fontaine. — Dîner sur l'herbe. — Retour à Paris.

Un écrivain spirituel, mais qui n'est pas toujours exact dans ses appréciations, a prétendu que le Bois n'était fréquenté le dimanche que par les épiciers, les courtauds de boutique et les petits rentiers. Cette allégation est trop absolue. Le Bois n'a pas, il est vrai, ce jour-là, sa physionomie aristocratique habituelle, mais il n'est pas fui par tout ce que Paris compte de gens riches ou élégants.

Ce qui est vrai, c'est qu'une partie de la société parisienne s'abstient de paraître au Bois le dimanche. Oui, il est telle femme du monde, tel lion à tous crins qui se croiraient déshonorés si on les voyait, plus de six jours sur sept, franchir la porte Dauphine. Mais cela fait bien deux cents personnes et cinquante équipages au plus.

Le dimanche, les voitures sont même plus nombreuses au Bois que les autres jours, et les promeneurs envahissent toutes les allées; mais les remises et les fiacres à grands numéros y sont en majorité, et la foule y est très-mélangée. Ce mélange attriste les yeux, car on peut être très-philantrope, très-démocrate même, et avoir le goût des belles choses. Nos sens sont des agents qui demandent à jouir. Il ne faut pas leur en vouloir de cette tendance : jouir, c'est *leur état*. Il n'y a donc nul inconvénient à dire que la foule du dimanche, *qui gâte,* une fois par semaine, nos boulevarts, les Tuileries et les Champs-Élysées, gâte aussi le Bois de Boulogne. Il est bien enendu qu'il ne s'agit ici que d'une question de forme ou de décor, et que si je préfère l'habit à la blouse dans un salon ou au Bois, je n'en suis pas moins convaincu que sous la blouse comme sous l'habit, il peut battre un cœur honnête et bon.

Le peintre qui voudra donner une idée du Bois de Boulogne et du monde qui le fréquente d'habitude, animera les allées de riches équipages, de beaux chevaux, de somptueuses toilettes et de jolies femmes. C'est ainsi que nous nous représentons le Bois avant même d'y avoir été. Voilà pourquoi quelque chose se révolte en nous, lorsque nous y trouvons la foule du dimanche, cette foule bigarrée, arrivée de tous les points de Paris, à pied ou en mylord ; honnête, mais peu stylée aux belles manières ; bonne, mais médiocrement vêtue ; respectable, mais qui fume la pipe ; douée de toutes les vertus de la famille, mais qui a des chapeaux impossibles et des souliers ferrés. Elle se mêle avec le beau monde, mais elle ne s'y confond pas. La livrée éclatante la regarde avec dédain, les chevaux s'en étonnent et les chiens lui aboient.

Et pourtant, rendons-lui cette justice, cette foule

n'est pas venue là pour médire du prochain, envier le luxe du riche, lui jeter sa malédiction ou ses injures. Non, elle est venue pour avoir sa part de soleil et de plaisir, elle est venue, naïve et bonne qu'elle est! elle est venue pour admirer! elle admire tout, le cadre et le tableau. Elle admire les jolies femmes qui passent dans leurs flots de dentelles ou leurs cachemires traînants, les chevaux qui galopent, les voitures avec leurs écus blasonnés et leurs livrées de toute couleur. Pauvre, elle admire la richesse sans espérer d'être jamais riche, comme elle admire le bœuf gras sans espérer d'en manger le moindre petit morceau. La seule chose qu'elle n'admire pas, c'est elle-même, tant est profond et intime cet amour du beau dont je parlais tout à l'heure!

Dans la foule du dimanche, s'il y a quelques jaloux et quelques mal appris, ce ne sont ni les ouvriers qui ont travaillé la semaine, ni les boutiquiers qui ont fermé leur boutique le jour du repos, ni les petits rentiers venus avec leur famille : ce sont ces individus mixtes, qui portent l'habit noir, sont humbles, polis et souples six jours sur sept pour le compte d'autrui, et cherchent à prendre leur revanche en se montrant le dimanche au Bois, montés sur quelque cheval de louage, ou traînés à six dans une calèche de quatre places. Ceux-là sont les mauvais : c'est l'ombre du tableau. C'est d'eux que viennent les mots équivoques, les sourires méprisants, les grands airs affectés. Ils parlent haut, fument au visage des femmes, et saluent avec aplomb la grande dame à laquelle, la veille, ils ont apporté quelque riche coupon. Ils n'ont le respect d'aucune chose ni d'aucun sentiment. Ils se moquent du riche, parce qu'il n'ont de l'homme riche que l'habit; ils narguent le pauvre, parce que cet habit les distingue de l'artisan.

Faut-il leur en vouloir ? Non. Beaucoup de gens ne sont grossiers que parce qu'ils sont furieux contre eux-mêmes de ne pas savoir en quoi consiste la politesse. Plaignons-les donc, et disons, pour être juste, que cette phalange de jeunes gens compte des membres nombreux trèshonorables : ceux-là seront un jour chefs de maison.

Le Bois, qui, dans la semaine, ne s'éveille que vers une heure ou deux, s'anime bien plus tôt le dimanche. Dès midi, les piétons y arrivent isolés ou par groupes. Ceux qui ne sont attirés que par les charmes de la promenade, se répandent dans les parties les plus solitaires ; les autres se tiennent dans les allées voisines des Fortifications, où, plus tard, se formeront de longues files de voitures. A une heure, les glacis sont couverts de curieux, assis, debout ou couchés. Les femmes jouent avec leurs enfants, l'ouvrier fume sa pipe, le petit rentier parle politique, s'extasie sur la beauté des équipages, ou s'entretient des travaux qui se font au Bois. C'est la population honnête du dimanche. Elle est venue là assez tôt pour voir arriver la première voiture, et elle partira assez tard pour voir la dernière s'en retourner. Elle ne s'inquiète ni du soleil dont les rayons la flambent, ni de la poussière qui l'étouffe ; elle est venue pour voir, elle voit, elle est heureuse.

De deux heures à cinq, l'avenue des Fortifications est envahie par les voitures, les cavaliers et les piétons. C'est à grand'peine que les gendarmes peuvent maintenir l'ordre dans les files et empêcher les accidents, tant l'affluence est grande. Citadines, voitures de maître, mylords, voitures de remise, cabriolets, calèches, tous les véhicules de Paris sont là. Les chevaux à quarante sous l'heure s'efforcent de suivre l'anglais pur sang, et l'âne lui-même, comme s'il voulait avoir sa part de la fête, débouche quelquefois d'une allée latérale et se montre au bord du chemin. C'est un tohu-bohu pittoresque et au demeurant assez gai. C'est un milieu entre le Bois de Boulogne des autres jours et les boulevarts les jours gras. Beaucoup de dames descendent de leur voiture et se promènent dans les contre-allées; quelques-unes ont de très-riches toilettes ; mais la femme du monde qui ne craint pas d'aller au Bois le dimanche, affecte, ce jour-là, une grande simplicité de mise. Quand on a, à deux pas, sa voiture dont le blason est bien connu, quand on est suivie d'un valet en culottes courtes et galonné, il est bien permis d'avoir une robe montante sans volants, et un chapeau tout simple. Mais, ne vous y trompez pas! cette simplicité est aussi affectée par d'autres femmes dont le blason, si elles en ont un, est plus que douteux. Leurs véritables *armes* sont dans leurs yeux, elles le savent, et elles s'en servent, les cruelles! à vous transpercer le cœur! Financiers, écrivains célèbres, hommes d'épée et hommes de plume, les ont tour à tour adorées quelques heures, quelques jours ou quelques mois au plus. Elles sont inscrites sur le calepin de tout ce que Paris compte de gens riches, de désœuvrés élégants et aimant la vie facile. Quelques-unes, hélas! sont aussi inscrites ailleurs!

J'en connais une dont la vie ferait pâlir les chapitres les plus palpitants de *Gil-Blas* et de *Guzman d'Alfarache*. Elle est arrivée de Bruxelles à Paris, il y a trois ans, toute jeune et toute mignonne, conduite par un de mes amis, qui avait espéré lui faire un sort et la rendre à la vertu en la plaçant dans un magasin de modes. Mais il avait compté sans les intrigues de certaines femmes, pourvoyeuses des plaisirs parisiens, et toujours à la piste des nouveaux visages.

Une nouvelle femme à Paris, dans cette ville qui en compte déjà tant et de si belles, c'est, chose incroyable! un véritable événement, dans un certain monde, bien entendu. Mon héroïne, ma charmante Belge, eut le malheur, d'autres diraient le bonheur, d'aller montrer un jour son doux visage sur le boulevart. Ses yeux bleus, ses cheveux bruns, ses belles dents, sa bouche vermeille, l'ovale de sa figure, le frais duvet de ses joues, sa taille souple, son air modeste firent un effet surprenant. Hommes et femmes s'arrêtaient pour la voir, c'était un triomphe! Le lendemain, trois billets parfumés, dorés sur tranche, illustrés d'armoiries et de fautes d'orthographe, arrivaient à son adresse. Elle les lut seule dans sa chambrette, la pauvrette! Étaient-ils écrits par des hommes? Non, c'étaient des lettres de femmes! Mme de Saint-Cyr, Mme de Saint-Phar, Mme de Saint-Germain, lui offraient leurs services, lui promettaient leur affection, lui ouvraient leurs brillants salons, voulaient lui faire un sort radieux. Brillants, cachemires, robes de soie, dentelles, voitures, tout ce qui séduit et fascine était là, caché dans ces trois plis perfides. Le pauvre cœur s'y laissa prendre, et, comme la débutante avait une teinture de belles-lettres, elle se rendit à l'invitation du billet le moins mal écrit. Mme de Saint-Germain la reçut, la produisit, et tout fut dit. Elle eut d'abord un grand succès. On la vit bientôt, dans les avant-scènes de nos théâtres, à toutes les premières représentations. Puis elle fut délaissée et elle tomba dans les tables-d'hôte borgnes, où, sous prétexte de dîner pour quarante sous, on joue le lansquenet. Elle y fut totalement dévalisée par un grec ; mais la maîtresse du lieu lui fit faire la connaissance d'un coulissier que les primes avaient mis à flot; la rente ferme le ruina, et six mois après il se brûlait la cervelle dans l'appartement qu'il lui avait meublé. Arrivèrent les fournisseurs qui vendirent tout. Elle quitta la France, passa trois mois à Hambourg, et revint à Paris escortée d'un prince valaque. Il était tout jeune, à eux deux ils comptaient moins de quarante printemps. C'était un couple aussi étourdi que charmant, et l'or se fondait dans les mains du Valaque. Malheureusement les parents du prince s'émurent de ces prodigalités, et la police française intervint. Le prince, encore mineur, fut rappelé, et la *princesse*, — par ma foi elle était bien princesse, à en juger par les armes de ses voitures et les coins brodés de ses mouchoirs! — fut invitée à plus de circonspection. Elle prit alors un petit commerce de gants, et fut volée par son vendeur, d'accord avec l'homme d'affaires qui avait fait le contrat. Le beau temps étant revenu, on la vit écuyère à l'Hippodrome, jusqu'au jour où, s'étant cassé une jambe dans le saut de rivière, elle se dégoûta du métier. Heureusement, ses exercices avaient frappé d'admiration un vieux général de cavalerie, grand-officier de plusieurs ordres et ancien pair. Il la remit dans les tapis, les tentures de velours, les cachemires, les dentelles, les fleurs et les diamants. Elle eût été heureuse, mais le général était si vieux ! Elle prit un ami pour son cœur, un tout jeune homme blond, bien ganté, bien frisé, à la moustache en croc. Elle l'avait choisi si mignon, si peu embarrassant, si poli, qu'elle espérait que le général ne le verrait pas d'un trop mauvais œil. Le général le supporta, en effet, mais ce fut Arthur qui, un beau jour, s'offusqua du général et mit le bon homme à la porte! Adieu la richesse, adieu le luxe, adieu l'élégance. On revint aux tables-d'hôte, on joua le loto, moralement, entre femmes. Cette fois, on fut encore volée par les vieilles praticiennes du lieu, débris sans nom, sans cheveux, sans sourcils et sans dents, qui avaient eu leur beau temps sous la Restauration. L'infortunée se montra alors dans les bals publics. Sa danse excentrique, ses propos légers, — le malheur l'avait gâtée ! — lui firent un nouveau succès. Elle vécut longtemps des bouquets, des *biblots* et des sucres de pomme qu'on lui offrait, qu'elle demandait quand on ne les lui offrait pas, et qu'elle rapportait cinq minutes après au marchand, moyennant une remise de cinquante pour cent sur le prix. Elle vécut aussi de quelques autres revenus. Un soir, une femme habile, la comtesse de Sainte-Aldegonde, lui tint ce langage : « Ma chère, vous êtes une sotte. Quand on a eu vos aventures, il n'est pas permis de se mêler. Aussi vrai que je suis comtesse, vous avez été princesse. Cela sert toujours. Attendez-moi demain, je vous présenterai un riche étranger. » Le lendemain, la dame arriva, accompagnant un vieux Allemand, rouge de teint, gras, propre, et s'appelant le baron Hermann. « Sois modeste et timide, » dit la comtesse à l'oreille de son amie. La leçon profita si bien que le baron se montra fort épris. Je ne suis pas prince, dit-il, mais je ferai tous mes efforts pour que madame se console de la perte de son Valaque. En sortant, il laissa cent louis sur la cheminée de sa protégée, et lui donna un baiser sur le front. La comtesse empocha les deux tiers de la somme, — il faut bien que ces petits services soient payés ! — et elle dit à son amie : « Voilà, je crois, une bonne vache à lait ; ménage-la ! »

Or, quelle était la position sociale du baron? Le baron n'était autre qu'un Juif prussien, enrichi par les loteries de Francfort, et d'origine très-obscure. Il avait cent mille livres de rentes, qu'il doublait au moins à Paris, en faisant jouer, dans son appartement somptueux de la rue de Rivoli, les étrangers que lui conduisaient des agents très-habiles, et qui avaient leur part du butin. Le baron présidait lui-même aux opérations, il taillait le trente et quarante, et des sommes folles se perdaient chez lui. Un jour que la comtesse de Sainte-Aldegonde lui demandait combien son industrie lui rapportait : « Que vous êtes simple, lui répondit-il, est-ce que tout l'argent des joueurs n'est pas à moi ! » Mot profond ! digne d'être médité par ceux que séduisent les charmes du tapis vert !

La princesse, devenue baronne, s'est bien rangée depuis un an qu'elle est avec le baron. Elle a, il est vrai, un enfant qui ne ressemble pas à son père, mais comme le baron est fou de sa conquête et qu'il songe sérieusement à l'installer dans son propre appartement de la rue de Rivoli, cela peut durer encore au moins deux ou trois mois.

Toutes les belles impures ne vont pas au Bois le dimanche. Celles qui jouent à la grande dame s'abstiennent d'y paraître ce jour-là. Les autres s'y montrent en petit coupé ou en petites voitures découvertes, à un cheval. Plusieurs ont voitures, chevaux et livrées à elles. J'en ai connu une dont le magnifique équipage, vendu l'an dernier, a été acheté par un sénateur. Depuis trois jours, la pauvre femme et ses domestiques galonnés ne se nourrissaient que de pain sec. Le luxe extérieur ne fut sacrifié qu'au dernier moment et lorsqu'on n'eut absolument plus rien à mettre au Mont-de-Piété ! O Paris !

Examinons quelques-uns des types qui passent devant nous.

Voici, dans une calèche découverte, une femme vraiment jolie, ma foi ! et que vous voudriez aimer si vous ne saviez pas sa vie. Sa voiture n'a pas d'armoiries, mais ses valets ont une livrée que bien souvent vous avez aperçue entre les rues Laf-

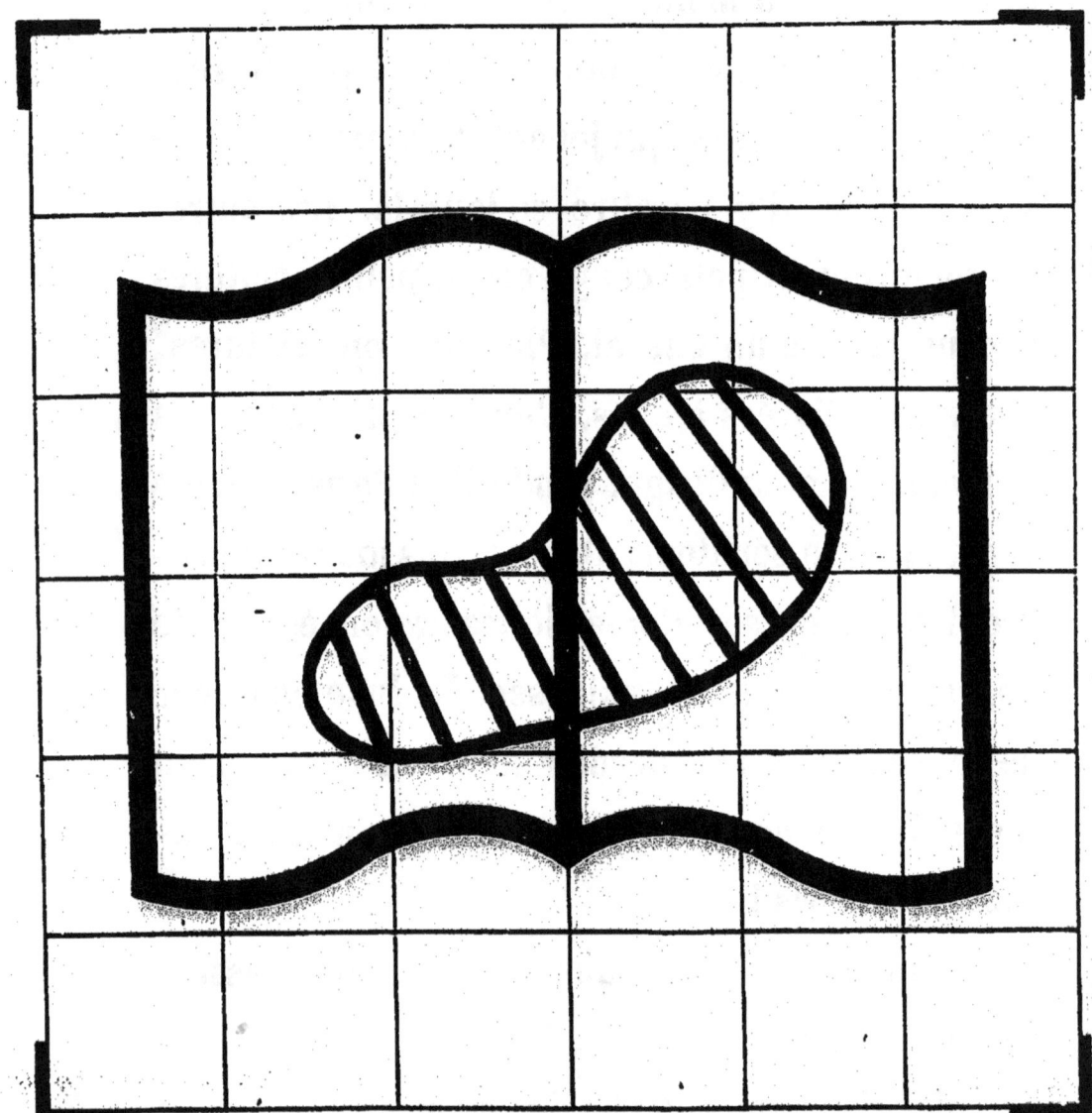

fitte et du Mont-Blanc. Au Bois, elle est toujours seule et semble rêver en caressant un petit chien blanc, assis sur la frange de son écharpe. Beaucoup d'hommes à moustaches la saluent en passant. Elle leur répond en les nommant tout haut, car elle n'a pas perdu ses anciennes et mauvaises habitudes, et elle en a contracté beaucoup qu'elle n'avait pas. Cette femme habite le second étage d'un hôtel de la Chaussée-d'Antin. Son appartement est richement meublé, mais en désordre. Elle raffole des fleurs, des livres à images et des petits gateaux. Son protecteur, car il faut bien le dire, c'est une lorette, dîne avec elle une fois tous les huit jours. Vous l'avez vue gentille et presque timide dans sa voiture, la coquette! elle sait si bien feindre les impressions qu'elle ne ressent pas! Voyez-la maintenant; elle est descendue et trace machinalement sur le sable, du bout de son ombrelle, des figures bizarres; son chien vient vous flairer avec gentillesse. Abordez-la sans crainte :

— Quel temps magnifique !

Elle vous regarde et paraît étonnée.

— Ces premiers beaux jours sont adorables !

— Mais, Monsieur....

— Mon Dieu, quelle écharpe ravissante !

Elle sourit.

— Cette robe est d'un goût !...

Elle appelle son chien.

— Et quelle distinction dans cette livrée !

— Vous croyez, Monsieur?

— Je n'ai jamais eu d'aussi beaux chevaux.

— Martin, ralentissez le pas.... Vous avez des chevaux, Monsieur ?

— Trois seulement, Madame.

— Et vous aimez le Bois ?

— Vous voyez.... J'y viens même le dimanche.

Offrez votre bras.

— Et vous n'y perdez pas votre temps, à ce que je vois.

Elle rit. Allumez un cigare.

— Dieu ! si j'étais chez moi !

— Que feriez-vous, Madame ?

— Je fumerais !

— Allons-y !

— Mais, Monsieur....

— Allons-y ! !

— Martin, arrêtez.

Madame monte, et vous montez après elle, en ordonnant à votre cocher, à vous, de retourner seul à la maison.

Cet homme à la mine si réjouie, qui, du fond de son coupé, se mire dans toute sa famille, c'est le puff incarné, l'inventeur de je ne sais quelle moutarde qu'on ne sert sur aucune table, et qui, cependant l'a fait millionnaire de pauvre sire qu'il était. Il connaît à fond les vertus de l'annonce et de la réclame, il donne des consultations gratuites, fait aux malheureux une remise de cinquante pour cent, et ne vend pas le dimanche. Les journaux religieux le recommandent à leurs abonnés.

Voici, montés sur des chevaux anglais, arabes ou mecklembourgeois, emportés dans leurs calèches, leurs coupés ou leurs tilburys, tous les régénérateurs, inventeurs, perfectibiliseurs et philantropes de l'époque : les pommades du lion et du chameau, les tontines sur les chances de la vie et de la mort, les assurances contre la grêle, le cirage anglais conservateur, les capsules non fulminantes, les mines d'or, de houille et d'étain, les cuirs à rasoirs fléchisseurs, les nourrices artificielles, les pavés en caoutchouc, tous ces fricotteurs de l'espèce humaine et du béotisme national. Ces honorables industriels se méprisent mutuellement et ne se saluent jamais.

Honoré de Balzac, ce grand observateur, a dit quelque part : « Le Bois de Boulogne est peut-être à Paris une espèce de Bourse où chacun peut apprécier les fonds, la valeur, le revenu d'une idée, d'après la situation de son propriétaire. » Admirable définition, qui couvre sous ses plis tout un monde inconnu d'observations pleines d'intérêt!

Eloignons-nous de cette foule et de ce bruit ; pénétrons dans les allées moins fréquentées, et mêlons-nous à ces groupes qui semblent chercher la solitude. Ce sont les amoureux, les ménages du dimanche. Pendant toute une semaine de travail, on s'est fait une fête de cette partie; on est venu au Bois de bonne heure pour en jouir plus longtemps; on fuit le bruit et la poussière; on veut de l'ombre, du mystère, une mousse vierge et des arbres bien verts. La jeune fille poursuit les papillons, le jeune homme cherche les violettes derrière les buissons, sous ces touffes de larges feuilles qui ne recouvrent pas toujours l'objet désiré. A chaque violette trouvée, c'est un baiser donné et rendu, puis la fleur parfumée est glissée entre la chemisette et le col. Quant on est à cent, on ne fait pas une croix, mais on s'embrasse plus longtemps. Que voulez-vous, la gorge est gonflée d'amour, le cœur est plein de confiance, et c'est si doux, quand on a vingt ans, et même quand on a plus, de s'aimer à l'ombre des bois!

La Fontaine a dit !

> Errer dans un jardin, s'égarer dans un bois,
> Se coucher sur des fleurs, respirer leur haleine,
> Écouter en rêvant le bruit d'une fontaine,
> Où celui d'un ruisseau, roulant sur des cailloux:
> Tout cela, je l'avoue, a des charmes bien doux.

Pour trouver la cent-unième violette, on écarte

les branches, on quitte le sentier, on s'avance dans le taillis, et l'on tombe, non pas sur l'herbe, mais dans un groupe de dîneurs, sans nappe et sans assiettes, qui dévorent à belles dents un jambonneau, et se noient dans le vin de Suresnes, pris au cabaret voisin. Ils sont là six ou huit, mâles et femelles, mais tous Auvergnats et affamés. Leurs ébats, qui ont déjà fait fuir les oiseaux, effarouchent nos amoureux. Ils reviennent au sentier d'un air affligé; mais tranquillisez-vous, la cent-unième violette sera trouvée avant le soir. A quoi n'arrive-t-on pas avec de la persévérance et de l'amour?

Il est cinq heures, équipages et cavaliers reviennent à Paris, et bientôt le Bois de Boulogne ne renferme plus dans son enceinte que les piétons intrépides, les familles qui dînent sur l'herbe, les amoureux qui oublient de dîner et les poëtes qui ne dînent pas.

XII

FLORE DU BOIS

XII

Les dédaigneuses. — Fleurs de serres. — Pour quelles mains viennent les fleurs du Bois. — Un tableau vrai. — Pourquoi les lorettes n'aiment pas les fleurs des champs. — Ce que peut dire un bouquet. — Le rouge et le blanc. — Le bleu. — Ce qu'on peut faire à dix-sept ans. — Les fleurs du Bois. — Les exigences du monde. — Colère d'un géranium.

La femme du monde qui se rend au Bois dans sa voiture et qui s'y promène à pied, suivie d'un valet en grande livrée; la femme *légère* qui ne va au Bois que pour y montrer son visage provoquant et ses riches toilettes, passent indifférentes auprès des jolies fleurs dont les sentiers et les taillis se sont embellis. Elles dédaignent ces pauvrettes que les soins de l'homme n'ont pas perfectionnées, qui viennent tard parce qu'elles croissent naturellement, qui sont simples et peu parfumées parce qu'un sort modeste les attend. Pour la femme du monde et la lorette, ces fleurs n'ont aucun attrait, elles les voient à peine, et elles rougiraient de les cueillir. Les fleurs qu'il leur faut à elles, ce sont les produits chauffés de nos serres le plus en renom. Au mois de décembre, les lilas blancs, les lilas de Perse, les violettes, les camélias et les œillets ; en janvier, les violettes de Parme et les héliotropes ; en février, la rose de roi et la rose moussue. Voilà les raretés qu'elles désirent, bien moins peut-être parce qu'elles sont belles que parce qu'elles coûtent fort cher. Je ne leur en fais pas un reproche, je comprends ce goût des choses rares, et j'y applaudis d'autant plus que nos horticulteurs et nos fleuristes y trouvent leur compte. A elles donc les bouquets les plus riches et les plus hâtifs : les camélias de Prévost sont plus éclatants et plus nacrés dans ces petites mains si finement gantées ; ils sont d'un merveilleux effet sur le velours de ce coussin où on les a négligemment posés en descendant de voiture. A elles ces fleurs, à la richesse le luxe. Ce n'est pas pour elles que sont venues au monde les simples fleurs du Bois. Elles aussi seront coupées, peut-être arrangées en bouquets ou attachées à une ceinture ; mais la main qui les emportera ne sera pas celle d'une grande dame ni d'une lionne en renom, et la ceinture qu'elles orneront fermera peut-être une robe d'indienne. Voilà la destinée des fleurs du Bois ; mourant sur leurs tiges ou réunies en gerbes, elles n'ont jamais qu'une existence modeste, et si, de loin en loin, elles sont cueillies par des doigts aristocratiques, c'est que leur vue a rappelé un souvenir, ou bien que le hasard a conduit au Bois quelque belle âme encore assez pure pour savoir admirer les œuvres de Dieu même au milieu des œuvres des hommes.

Vous avez vu dans une pièce, mauvaise mais qui a eu un grand succès de curiosité, une courtisane jeter avec mépris les fleurs des champs qu'un bon et naïf jeune homme avait cueillies pour elle. Ce tableau était vrai. Pareille mésaventure nous est arrivée à nous tous qui avons eu un cœur et dans ce cœur un amour d'enfant. Ces femmes, parties la plupart de si bas, sorties d'une chaumière ou de la loge d'un portier, ont horreur des fleurs des champs. Serait-ce parce que ces fleurs leur rappellent l'obscurité de leur naissance et leur reprochent amèrement de ne pas être restées pures et simples comme elles ? Ce sentiment entre peut-être à leur insu dans leur âme troublée ; mais cette proscription a surtout pour cause une vanité excessive, invétérée et fortifiée par le calcul. On veut avoir un beau bouquet, bien rare et bien cher, non pas parce qu'on a le goût du beau, mais parce qu'un tel bouquet prouve que l'homme qui l'a donné est riche. Ce bouquet, comme les volants de dentelle, comme le cachemire de l'Inde, comme les boutons d'oreilles en brillants, comme le manchon d'hermine, est une enseigne qui dit : Voyez, je suis assez belle pour que l'on fasse des sacrifices pour moi ; on me connaît et l'on sait ce que je vaux ; je vaux cher, j'ai la vogue, ne vous présentez pas si vous n'avez pas beaucoup d'or. Le bouquet dit encore mille autres choses qui ne sont pas indiquées dans le sentimental *Langage des fleurs*. Chez la femme galante, tout devient spéculation. Ce n'est pas sans une arrière-pensée, sans un calcul subtil, qu'elle a placé, là cette épingle, ici ce nœud, dans ses cheveux cette fleur. A moins d'être belles à tourner toutes les têtes et d'avoir une réputation qui n'a plus besoin de réclames, elles croient qu'il ne leur est plus permis d'être simples. Elles doivent avoir raison, car elles connaissent admirablement les hommes; et pour rendre justice à chacun, il faut bien dire qu'elles ne sont guère que ce que nous les faisons.

Cette horreur de la simple nature est si grande qu'elle les pousse jusqu'à attenter à leur propre personne. C'est ainsi que nous les voyons, jeunes ou vieilles, s'enduire le visage, le col et les bras de rouge ou de blanc, se noircir les cheveux et les cils, sans parler de mille autres artifices dont la découverte ne tourne pas toujours à leur profit. Il en est, — bonté divine! j'en connais une, et elle n'a pas plus de dix-sept ans! — il en est qui se coulent une dissolution d'indigo dans l'œil pour s'en *bleuir* le blanc ! Comment voulez-vous que ces femmes aiment les fleurs des bois ?

Elles passeront sans les voir, près de la spirée, dont les petites fleurs blanches paraissent en juin et en septembre; près du saxifrage granulé, qui fleurit en mai; près de la véronique à épis, dont le bleu tendre semble tomber du ciel au mois de juin. Le myosotis des champs, le pied-d'oiseau, le bugle pyramidal, le polygala vulgaire, le géranium sanguin, qui éclate au milieu des herbes, la pulmonaire, la valériane, l'asclépias dompte-venin, le bouton-d'or, le sceau de Salomon, le petit œillet des Chartreux, toutes ces fleurs mignonnes ou charmantes qui croissent au Bois de Boulogne, n'attireront pas davantage leur attention.

Ainsi fera de son côté, mais pour d'autres motifs, la belle dédaigneuse qui, descendue de son coupé armorié, se promène à pas lents dans une contre-allée. Distraite par les équipages qui passent, les cavaliers qui galopent, les belles livrées et les riches toilettes, elle ne voit dans le Bois que le mouvement; pour elle, le Bois c'est encore Paris. Son œil ne plonge jamais entre les branches pour y découvrir une de ces fleurs rouges, jaunes, blanches ou bleues que la main de Dieu y a placées.

Que voulez-vous ! quand on est du monde, il faut s'observer, car le monde a des exigences cruelles. En se baissant, on dérangerait son chapeau ou ses cheveux ; en tendant le bras pour saisir la fleur, on se déchirerait peut-être ; et puis, les épines, les ronces, que sais-je ? moi. La dame passe suivie de son valet bleu et or ; les petites fleurs la regardent curieuses, mais non blessées de cette indifférence ; le géranium seul s'empourpre de colère en apercevant le beau camélia feu qui orne son cou.

Belles allées d'érables, de marronniers, d'acacias, de platanes, de sycomores et de sorbiers, je ne me suis pas contenté de vous parcourir ! j'ai sondé les massifs dont vous êtes les cadres charmants, et mon herbier est tout plein des fleurs que j'y ai recueillies. Je sais dans quels endroits solitaires et romantiques s'égrènent, à l'ombre épaisse du hêtre pourpré, sur la mousse touffue, les petites turquoises de la véronique; je sais quels œillets simples mais embaumés on trouve parmi les feuilles sèches, au pied des mélèzes et des bouleaux. C'est que j'ai visité le Bois bien plus en artiste qu'en promeneur, et que je n'ai pas craint de me faire une égratignure pour me procurer une fleur qui manquait à ma collection.

XIII

LE SPORT

XIII

Importations anglaises. — Origine du steeple-chase. — Le steeple-chase au Bois de Boulogne. — M. de Mac-Mahon. — Grandes chasses. — Auberive. — Le haras du Pin. — Le steeple-chase de La Marche. — Chevaux et turfistes. — Les handicaps. — Leur utilité est contestable. — L'Empereur encourage beaucoup l'amélioration de la race chevaline. — L'art de l'équitation. — L'Empereur à cheval. — Principes équestres. — Le comte d'Aure. — L'Empereur et la chasse. — Écuyers veneurs et officiers des chasses de la maison de l'Empereur. — Études du cheval. — Le général Daumas.

Si nous avons emprunté à l'Angleterre de nombreux usages dont se ressent heureusement le comfort de notre vie intérieure, nous lui avons aussi emprunté l'art essentiellement aristocratique de nous rompre les côtes, de nous briser les reins, et de nous expédier nous-mêmes lestement dans l'autre monde. C'est en effet d'Angleterre que nous est venu le steeple-chase.

A l'origine, le steeple-chase était une course

improvisée, vers un point saillant de l'horizon, et accomplie par plusieurs cavaliers, partant de fougue, sans tenir aucun compte des obstacles inconnus, fossés, murs, haies, chemins creux ou broussailles que présentait le terrain. Le premier rendu gagnait le prix. Il va sans dire que les trois quarts du temps tout le monde restait en route, ceux-ci sur une hauteur, ceux-là dans un ravin, l'un étendu sur son cheval blessé, l'autre étendu sous son cheval mort. Ce steeple-chase plein de dangers n'est plus tout à fait ce qui se pratique de nos jours. Notre steeple-chase à nous est encore semé d'aventures, de péripéties émouvantes, grotesques et souvent dramatiques ; mais nous laissons beaucoup moins au hasard ; nous traçons à l'avance notre piste de course, et nos coureurs connaissent tous les obstacles qu'ils peuvent visiter vingt-quatre heures avant la réunion.

Tels ne furent pas les premiers essais qui eurent lieu au Bois de Boulogne, il y a vingt ans. C'est, en effet, en 1833 qu'apparut chez nous, pour la première fois, l'importation anglaise. On se rappelle ces réunions tumultueuses de *gentlemen-riders*, le courage héroïque que les novateurs montrèrent, les éclatants triomphes de quelques-uns et les cuisantes infortunes de la plupart. Ce qu'il y eut de côtes enfoncées, de membres luxés, de colonnes vertébrales endommagées, de chevaux fourbus, éreintés, désarticulés, désensabottés, on ne saurait le dire. Les vétérinaires, ces médecins des chevaux, et les médecins, ces vétérinaires des hommes, furent hors de prix. Les débuts avaient été trop éclatants pour que la cause du steeple-chase ne fût pas gagnée.

Le Bois de Boulogne eut désormais son chapitre dans les annales chevaleresques du sport, et compta une illustration de plus. Depuis cette époque, le steeple-chase a quitté le Bois de Boulogne. Les terrains de la Croix-de-Berny, la plaine de Coulange, la vallée de Bièvre, les prairies de Garanjoux, Avranches, Saint-Lô, Chantilly, furent pendant plusieurs années les théâtres de ses exploits. La mort si regrettable de M. le marquis de Mac-Mahon, arrivée à Autun, arrêta tout-à-coup le steeple-chase dans son brillant essor. Cette terrible chute jeta un crêpe sur ces courses effrénées, et pendant plusieurs années, c'est-à-dire jusqu'en 1851, on n'osa pas les recommencer.

C'est qu'il était bien permis de réfléchir et de prendre peur, quand un cavalier de la force de M. de Mac-Mahon s'était tué raide. J'ai connu le marquis ; j'ai chassé plusieurs fois avec lui, et je puis dire qu'il n'avait pas de rival pour l'intrépidité, le bon air et l'habileté. Il venait chasser tous les ans la grosse bête dans les forêts de la Haute-Marne. Auberive était son quartier général, et quand ses chevaux étaient arrivés, quand ses trompes avaient sonné, le charmant petit village, heureux de cette visite quasi princière, prenait un air de fête et de prospérité qui en faisait le véritable chef-lieu du département.

Les bois frémissaient à quinze lieues à la ronde; les vallons s'animaient de lointaines fanfares que les échos répétaient à l'infini; les sangliers s'avançaient pleins d'effroi et tout sanglants jusqu'aux marges des villages; les lièvres et les lapins mouraient de peur, tapis dans les broussailles,—de peur seulement, car on les dédaignait—; les oiseaux s'enfuyaient à tire d'aile et désertaient le pays; les cerfs faisaient trente lieues en un jour et se laissaient prendre le soir au lancer. M. de Mac-Mahon, l'âme de ces fêtes mémorables, était partout en même temps. Ce n'était pas un homme, c'était un cheval emporté, sans selle, sans mors; il ne connaissait pas d'obstacle, il escaladait les montagnes, il franchissait d'un bond les ravins, il passait comme la balle dans les branches, qui semblaient s'écarter d'elles-mêmes devant cette course frénétique. Et quand venait le soir, la troupe rentrait affamée à Auberive, escortant une lourde charrette pleine de gibier et portant aussi les chiens éventrés par la dent de quelque solitaire en furie.

Le steeple-chase, cette variété utile mais dangereuse des épreuves du cheval, fut donc à peu près abandonné jusqu'en 1851. A cette époque, le haras du Pin l'exhuma pour ainsi dire de l'oubli, et nous voyons ces exercices périlleux se renouveler, non plus au Bois de Boulogne, mais dans plusieurs localités des environs de Paris, et notamment sur le charmant domaine de La Marche. C'est là que se réunit plusieurs fois par an la foule joyeuse et pimpante des courses. Les jours de steeple-chase, le domaine de La Marche est sillonné, envahi par les voitures de toute sorte, calèches, daumonts, berlines, remises, cabriolets, wagons et tilbury. Les équipages à quatre chevaux y sont nombreux, et parmi tous se distinguent ceux de l'Empereur et de sa suite, avec leur livrée vert et or. C'est sur ce terrain gazonné, élastique et pittoresquement entouré, qu'on applaudit aux prouesses de *Glenglyon*, de *Lady Arthur*, de *Franc-Picard*, de *Bedford*, d'*Augustine*, de *Janike*, d'*Augustus*, de *Simple-Peter*, de *The-Colonel*, de *View-Hallow* et de tant d'autres bonnes et belles bêtes, dont la souplesse, les poumons et la dextérité ont fait tomber des milliers de louis dans la bourse de leurs propriétaires, MM. Rackley, Delamarre (le sénateur, et non pas le propriétaire de la *Patrie*, qui ne fait pas courir), de La Motte, de

Coataudon, Chapmen, le vicomte de Lauriston, Niggins, Thomas, Meyson, etc.

Mais, je le répète, nos steeple-chases présentent aujourd'hui beaucoup moins de dangers. Ces sortes de tours de force nous ont aussi préparés aux *handicaps*, autre importation anglaise, à laquelle nous consacrons des prix considérables. Je ne vois pas trop, pour mon compte, quel encouragement utile l'éleveur peut trouver dans les handicaps. Placé en présence d'une surcharge impossible et d'un prix de course élevé, il affronte le péril, et s'il perd, son cheval, quelque excellent qu'il soit, est déshonoré dans l'esprit de la plupart des amateurs du turf qui ne se rendent pas toujours suffisamment compte de toutes les fraudes auxquelles le handicap peut donner lieu.

J'ai nommé tout à l'heure l'Empereur ; ce n'est pas assez pour rappeler tout ce que le Sport,—éleveurs, propriétaires de chevaux faisant courir et amateurs,—lui doit. Napoléon III se plaît à encourager tous ceux qui s'occupent d'améliorer la race chevaline. Non seulement il possède au suprême degré l'art de l'équitation, mais encore il connaît parfaitement le cheval, qu'il a longtemps étudié en Angleterre. Comme écuyer, l'on peut dire qu'il est de sa propre école : ce sont les principes hippiques qui ont illustré le nom du comte d'Aure, joints à la grâce, au naturel de l'attitude et à la sûreté de la main.

Comme journaliste, j'ai été de la plupart des grands voyages faits par Sa Majesté ; je l'ai vue rester de longues heures à cheval, par la pluie ou sous un soleil ardent, et je n'ai jamais remarqué dans sa personne le moindre signe de lassitude : c'était toujours la même aisance, la même souplesse dans les mouvements.

Napoléon aime donc les chevaux, et il a donné de nombreuses preuves de ce noble goût, bien digne d'un souverain. Président de la République, il avait déjà, on se le rappelle, les plus beaux équipages de Paris, et il consacrait aux courses une partie des sommes qu'il recevait de l'État. Empereur, il a créé un grand-écuyer, un premier écuyer, un écuyer commandant, cinq écuyers, un grand-veneur, un premier veneur, un commandant des chasses à tir, deux lieutenants de vénerie, un lieutenant des chasses à tir. MM. le maréchal de Saint-Arnaud, le maréchal Magnan, le colonel Fleury, le comte Ney, le marquis de Toulongeon, de Valabrègue, le vicomte de Romans, le marquis de Puységur, le vicomte d'Aure, de Burgh, Bachon, le baron Lambert, le marquis de Latour-Maubourg et le baron Delage, qui remplissent ces fonctions, concourent, pour leur part, à cette protection dont les heureux effets se feront de plus en plus sentir. Des prix considérables sont annuellement consacrés par le Gouvernement, et par l'Empereur lui-même, — toujours prêt à puiser à pleines mains dans sa cassette, — aux chevaux vainqueurs dans nos courses. Ces efforts ont déjà produit leur fruit. Éleveurs, gentlemen-riders, écuyers, veneurs et chasseurs, se sentant puissamment appuyés, s'occupent avec amour du cheval, dans le but de l'améliorer et d'en propager chez nous les meilleures races. Ce noble animal a déjà fait l'objet de plusieurs écrits récents très-remarquables, parmi lesquels se distingue le beau travail de M. le général Daumas : *Les Chevaux du Sahara.*

Ces courtes considérations suffisent, mais elles avaient leur place marquée dans un ouvrage consacré au Bois de Boulogne, c'est-à-dire à la promenade où se montre tout ce que Paris compte de beaux chevaux, et où se sont signalés les premiers vainqueurs de nos steeple-chases.

FIN.

TABLE

OUVERTURE A GRAND ORCHESTRE. — Le Premier soleil à Paris. Aspects divers. — Le Marronnier du 20 mars. — Une Vieille réputation. — Moineaux et Violettes. — Les Mensonges de février. — Les Hirondelles. — Effets de soleil. — Le Boulevart et les Champs-Élysées. — Balzac et son pantalon. — Bizarrerie des toilettes. — Un Habit couleur du temps. — Les Serres-chaudes de Paris. — Les Papillons messagers. — Invitations du printemps. — Nous passons la barrière. — Sancho-Pança et les Almanachs.. 3

LONGCHAMPS. — Un Nid de verdure. — Le Banquet des anciens. — La Forêt de Rouvray. — La Chasse royale. — Paysage. — Louis XV et ses courtisans. — Gais mystères. — Saints cantiques. — Longchamps. — Origine du monastère. — Isabelle et Saint-Louis. — Mort d'Isabelle. — Les Miracles. — Origine des pèlerinages à Longchamps. — Amours de Henri IV et de Catherine de Verdun. — L'Opéra à Longchamps. — Une Aventure galante. — Luxe effréné. — Démolition du monastère................ 19

I. MADRID. — BAGATELLE. — LA MUETTE. — Le Château de Faïence. — Le Chevalier roi. — Le Prisonnier de Pavie. — Les émaux de Bernard Palissy. — Un Mot galant de François Ier. — Henri II et la duchesse de Valentinois. — Doux tête-à-tête. — Charles IX et Mlle de la Béraudière. — Une Ménagerie à Madrid. — Le Rêve d'un roi. — Le Chenil. — Henri IV et la religieuse de Longchamps. — Marguerite de Valois. — Plaisir et dévotion. — Opinion de Mézeray. — Saint Vincent de Paul. — Louis XIII au château de Madrid. — Louis XV y fonde une chapelle. — Vandalisme révolutionnaire. — *Bagatelle* et Mlle de Charolois. — Vers de Voltaire. — La Folie-d'Artois. — Mauvais vers de Delille. — Origine du château de *la Muette*. — Les Chasses de Charles IX. — Le Château cesse d'appartenir au domaine royal. — Il y fait retour. — La Duchesse de Berry, fille du Régent. — Ses désordres. — Sa mort au milieu des plaisirs. — Louis XV reconstruit le château. — Le baron de Gonesse. — Une Cour

licencieuse.—Scandales et piété.—Une anecdote sur le Dauphin.
— Marie-Antoinette et le Dauphin à la Muette. — Premier édit
de Louis XVI. — Le château est délaissé pour Versailles. — La
Revue des gardes françaises. — Pilatre-Durosier. — Le Grand
Banquet de la Fédération. — Démolition du château......... 35

IV. LES VILLAGES. — Origine de *Passy*. — La Seigneurie. — M. de
la Poplinière. — M. de Boulainvilliers. — Le château de la
Princesse de Lamballe. — L'Hôtel Valentinois.— Autres hôtels
historiques. — Louis XV et Mlle de Romans. — Les Eaux ther-
males.— Leurs propriétés singulières.—J.-J. Rousseau à Passy.
— Vers du père Lemoine. — Les grands hommes à Passy. —
Origine d'*Auteuil*. — Le vin d'Auteuil.—La maison de Boileau.
—Vers de Voltaire.— La maison de Molière.— Mme Helvétius.
— Le chancelier d'Aguesseau.—L'Hôtel Praslin.—Une Histoire
sinistre. — Le Printemps à Auteuil. — Origine de *Boulogne*.
— Les Blanchisseuses. — Il faut y prendre les Rosières. —
Maison de Cambacérès................................. 51

V. L'ANCIEN CALVAIRE DU MONT-VALÉRIEN. —Origine du *Calvaire*.
— Tableau du Calvaire en 1842. — Dulaure et les moines. — La
Vie monacale. — Le Cimetière de la Communauté. — Bernardin
de Saint-Pierre et J.-J. Rousseau au Calvaire. — Un mot des
Rousseau.— Suppression de la Communauté.—La Restauration
la rétablit. — Solennité de la Semaine-Sainte. — Désordres du
retour. — Le Mont-Valérien et le vin du Suresnes........... 73

VI. LE BOIS AUJOURD'HUI. — Le Bois et Napoléon Ier. — Les deux
Invasions. — Louis XVIII reprend l'œuvre de Napoléon. — Les
Émigrés au Bois. — Formation de la société actuelle. — Napoléon III et le Bois. — M. Varé, architecte paysagiste. — Sa
manière de procéder. — Le Petit-Poucet et le cèdre du Liban.
— Examen des embellissements du Bois. — L'Empereur les
visite souvent. — L'Avenue de l'Impératrice. — La Rivière et
les îles. — Les Cascades.—Les perspectives. — Le Lac.— Les
Barques. — Délicieux tableaux. — Ce que l'on voit de l'ancien
rond Mortemart.—La nature et l'art.— Un pot de fleurs pesant
cent mille livres. — Routes anciennes. — Routes nouvelles. —
Origine de Sainte-James. — Splendeur et décadence d'un financier. — Légende de la Croix Catelan. — Panoramas. — Les
Fortifications sont escamotées. — Un nouveau parc de Rambouillet. — Le Chemin de fer d'Auteuil. — La Mare d'Auteuil.
— Surprises du printemps. — Travaux de M. Hittorff, de
l'Institut... 91

VII. LE GRAND MONDE. — Singulières contradictions. — Un écrivain
démocrate. — Le grand monde et la charité. — Il ne faut pas

être jaloux. — Une fugue. — Être ou paraître. — Un drame
de famille. — Types. — La Fœdora de Balzac. — Une célébrité
du Sport. — Autres types. — Le monde officiel. — La Finance.
— La haute Banque.—La Spéculation. — Écrivains et artistes.
— Le Bois de Boulogne est le grand salon de Paris. — Étude
du cœur humain. — Balzac a soulevé le rideau. — Prédilection
de l'Empereur pour le Bois...................................... 123

VIII. LE BOIS LE SOIR. — Paysage. — Mystères du Bois. — Mme la
Duchesse et M. le Duc. — Discrétion des cochers de remise. —
Chacun pour soi. — Parties à quatre. — Les Dames du quartier Saint-Georges. — Autre paysage. — La Mare-aux-Biches.
— Un Suicide. — La hausse et la baisse. — Le Château des
Fleurs. — Le Jardin Mabille. — Féeries des Mille et une Nuits. 145

IX. LE RANELAGH. — La Pelouse et la fête de Passy. — Origine du
Ranelagh. — Vers de Dumersan. — Infortunes du Ranelagh.
— Les Juges de la Table de Marbre. — Bonté et justice de
Louis XVI. — La Foule au Ranelagh. — On y établit une loge
maçonnique. — Marie-Antoinette au Ranelagh. — Fêtes charmantes. — La Révolution. — Les Sans-culottes au Ranelagh. —
L'établissement est fermé. — Résurrection. — Les Muscadins.
— Nouveaux malheurs. — Nouvelles fêtes. — Le danseur
Trénitz. — Supériorité de ses entrechats. — Bertrand et Barras,
Mme Tallien et Mme Récamier au Ranelagh. — Catastrophes.
— Le Ranelagh est immortel. — La comtesse Corvetto. — Réparation de la salle. — La foule y revient. — Le Ranelagh n'est
pas au bout de ses infortunes. — Nouvelles chicanes. — Six ans
de lutte. — Triomphe définitif du Ranelagh. — Le Ranelagh
aujourd'hui.. 155

X. LES DUELS — Erreur des provinciaux. — On ne se bat plus
au Bois de Boulogne. — Duels historiques. — Un mot du duc
de Richelieu. — Fer, feu et sang. — Impuissance des législations
contre le duel. — Les Spadassins. — Profession de foi de l'auteur.
— Ce qu'il faut faire. — Le Bois de Vincennes et la Belgique.. 171

XI. LE BOIS LE DIMANCHE. — Erreur d'un écrivain. — Physionomie
du Bois le dimanche. — Artisans, commis et petits rentiers.
— Les fiacres. — Les chevaux de louage. — Les ânes. — Tohu-
bohu. — Un contraste. — Les femmes au Bois le dimanche. —
Une page inédite de *Gil-Blas*. — Mme de Saint-Cyr. — Mme de
Saint-Phar. — Mme de Saint-Germain. — Types parisiens. —
Un coulissier. — Un prince valaque. — Écuyère et princesse.
— M. Arthur. — Dentelles, cachemires et diamants. — Les bals
publics et les *biblots*. — Mme de Sainte-Aldegonde. — Le baron

Hermann. — Le trente et quarante. — Un mot profond. — Autres belles impures. — Les industriels au Bois. — Un mot de Balzac. — Les amoureux du dimanche. — Papillons et violettes. — Vers de La Fontaine. — Dîner sur l'herbe. — Retour à Paris........ 181

XII. FLORE DU BOIS. — Les dédaigneuses. — Fleurs de serres. — Pour quelles mains viennent les fleurs du Bois. — Un tableau vrai. — Pourquoi les lorettes n'aiment pas les fleurs des champs. — Ce que peut dire un bouquet. — Le rouge et le blanc. — Le bleu. — Ce qu'on peut faire à dix-sept ans. — Les fleurs du Bois. Les exigences du monde. — Colère d'un géranium............ 205

XIII. LE SPORT. — Importations anglaises. — Origine du steeple-chase. — Le steeple-chase au Bois de Boulogne. — M. de Mac-Mahon. — Grandes chasses. — Auberive. — Le haras du Pin. — Le steeple-chase de La Marche. — Chevaux et turfistes. — Les handicaps. — Leur utilité est contestable. — L'Empereur encourage beaucoup l'amélioration de la race chevaline. — L'art de l'équitation. — L'Empereur à cheval. — Principes équestres. — Le comte d'Aure. — L'Empereur et la chasse. — Écuyers veneurs et officiers des chasses de la Maison de l'Empereur. — Études du cheval. — Le général Daumas........ 215

FIN DE LA TABLE.

3869 — Paris. — Im. MAULDE et RENOU, rue Rivoli, 144.

www.ingramcontent.com/pod-product-compliance
Lightning Source LLC
Chambersburg PA
CBHW071936160426
43198CB00011B/1419